ベトナム戦争と

記者狙撃

ウクライナ

中村梧郎

Goro Nakamura

花伝社

記者狙撃——ベトナム戦争とウクライナ◆目次

（文中の写真で出典記載のないものは、原則として著者撮影）

序

私は生き残ってしまった。

銃弾が飛びしきる中で、頭骨を撃ち抜かれた記者が死んだ。私とポジションを換えたための彼の死であった。

それまで、死を身近なものと思ってもいなかった私は、その日以来サバイバーズ・ギルト（生き残った者の罪悪感）の苦さを反芻しつづけることとなった。どのタイミングなのかは自分でもわからない。ふいに、生きているのが恥ずかしいという感覚が湧きあがってきて胸を刺す。その度に得体のしれぬ奇声が喉をつく。

死にたいという感覚ではない。「死」はすぐそこにあり、いつ遭遇してもおかしくないものと認めつつ、「やはり生きなくては」というあたりまえの感覚にたどり着くまでの、長い「想念の揺れ」を背負うこととなった。

中越戦争――中国によるベトナム侵略

事件は1979年、中国がベトナムを侵略した「中越戦争」の最前線で起きた。超大国の中国が、同じく社会主義を掲げるベトナムに侵攻、という信じがたい事態の勃発であった。ハノイ駐在だった高野功・赤旗特派員は、国境に近いランソン前線の取材に向かい、待ち伏せていた中国軍の狙撃をうけて即死した。当時、赤旗紙は中国の侵略を徹底的に批判していた。ジャーナリストを標的にするというのは、その後も世界各地の戦場、直近ではウクライナでも起きている。侵略者にとっての「不都合な真実」を暴く者は殺してしまえ、というやり方である。待ち伏せと狙撃は偶然だったのか、意図的だったのか。彼と位置が変わっただけで今も生きている私の疑念は尽きることがない。

しかしベトナムという国に対し侵略者として君臨しようとしたアメリカも中国も、偽情報やジャーナリズムへの圧力など様々に卑劣な手段を繰り出したあげく、結局はベトナムで敗れ去るという運命を背負った。

小国のベトナムがアメリカに勝った「ベトナム戦争」は、中越戦争の4年前、1975年4月30日に終わっていた。アメリカのベトナムへの介入が1954年のフランス植民地（仏印）軍の敗退とジュネーブ会議によるベトナムの南北分断から始まっていたとみなせば、21年にわたる戦乱である。ベトナムが勝ったとはいえ、戦い疲れてヘトヘトだった時期に中国は侵略を開始したのだ。

ベトナム戦争でも中越戦争でも、私は多くの人間の死を目撃してきた。だが、死そのものや死体があることに慣れることは最後までなかった。私はたくさんの悲劇と残酷さをしり目に取材を続けた。撮影しながらも、「死はあまりにおぞましい」という感覚が消えることはない。

「死を想え」(Memento Mori)の警句がひろがったのは、コロナならぬペストが流行った中世ヨーロッパの「終末観」が背景にあったからだという。いつ死に出会うかもしれないという感覚は、逆に「生」を見つめることにつながった。死とともに生をも顧みることができるのは幸いなことなのかもしれない。だが「己が生きている意味はどこにあるのか」などといった大仰な想念にとりつかれると、もはや空を掻く以外にない。それは永遠の問い、主題であるに違いないからだ。

そうした堂々巡りを断ち切って、殺された高野功特派員に関わる未発表の事実を記述し、素直に弔ってやりたいと思いはじめたのは、事件から40年を経たのちであった。取材メモは残っている。事件の様相は生々しく記憶してもいる。事件直後には、悲しみのどん底にある遺族がいる前で語れないこと、書けないことがたくさんあった。その未公開だった経緯を正確に記述しておくのは、ベトナム側の関係者がまだ生きていて客観的な証明もできる今のうちしかない。事件前後の事態はきちんと補っておく必要がある。

ベトナム戦争で行動を共にした写真家の何人かも、その後の戦場取材で殺されたりしている。イラク、アフガン、ウクライナと大国による傲慢な侵略が起きるたびに、私には形容しがたいほどの怒りが湧きあがる。

ベトナム戦争とウクライナ侵略、その同一性

ロシアのウクライナ侵略とアメリカのベトナム侵略は、驚くほど共通する点がある。その比較は、「侵略戦争」という公然たる軍事力の行使・殺戮行為を知るうえで、多分やっておかなければならない作業だ。

ベトナムを侵略したアメリカは、「東西の冷戦」を理由にしたとはいえ明らかに帝国主義的動機に支えられていた。では、ロシアによるウクライナ侵略はどうなのか。初めのうちは「なぜ」と戸惑うばかりだったが、その後にプーチンの思想が明白となるにつれ、現代のロシアが充分に帝国主義的であることが顕在化した。

ロシアの隣国への侵略行為は、かつてソ連から独立した諸国に対して次々に起こされている。2008年のジョージア侵攻、2009年のチェチェンでの弾圧に続いて、2023年になってからは、ウクライナ南西に位置するモルドバ共和国でのロシア派によるクーデター計画が懸念されている。うまくゆけばモルドバのロシア国境沿いの地区を奪えるからだ。

侵略1年目に出されたロシアの年次教書では、「欧米諸国がウクライナを使って戦争を始めたのであって、我々はこれを食い止めるために力を行使したのだ」と、世界に通用しない自説を展開（赤旗2月23日）。「西側は19世紀から、今ではウクライナと呼ばれる歴史的な領土を我々から引きはがそうとしてきた」と、侵攻している側のロシアが集団的な攻撃を受けているかのような構図を描き出した（朝日新聞2月22日）。

隣国を侵略しておきながら、自分らがやられているのだという奇抜なロジック。いったいロシア領のどこが侵略され、どこを奪われたというのだろうか。

侵略者が嘘をついてまで侵略の事実を認めようとしない中で、ジャーナリストたちはコツコツと戦場で起きている事態を掘り起こす。それは侵略した側にとっては極めて不都合な行為と映る。そうした構図の中で、彼らはジャーナリストを狙撃・抹殺する機会を捜すこととなる。

高野記者の供養

2019年3月、私は高野記者が殺害されたベトナムの現場を40年ぶりに訪れた。彼が好きでいつも欲しがっていた缶ビールとたばこを日本から運んで現場に供えた。

乾季の終わり、どんよりとした空はあの日と同じだった。長い年月を経たというのに、地元ランソンの市民は高野功の慰霊碑に花を供えていた。命日を記憶しているだけでなく、彼がここで犠牲となったことが、ベトナムの人々の心に深く刻まれていることをそれは示していた。ユリの花だろうか、赤と黄色の供花が、細長いベトナム線香からたちのぼる煙にゆらゆらと包まれていた。

銃撃の日の光景は、私の中で数十年、ことあるごとに呼び覚まされるものとなっていた。彼の死にどう関わったかではない。何かの拍子に、胸に住みついているわだかまりのようなものが記憶とともに首をもたげる。辛いというほどではないにしても、頭が軽く締め付けられるような感じがあった。それは私が自身の額に嵌めた「孫悟空の金輪」だったのかもしれない。それが「咎めだて」ではなく、あえて己を顧みる手だてに過ぎなかったのだとすれば、その痛さも救いではある。

慰霊碑に手を合わせながら私は意味もなく「もう大丈夫だ」とつぶやいた。彼の冥福を祈ったのか自分に投げかけた言葉なのかはわからない。でも、こうした安堵感が供養ということなのか、といった想いがかすかに湧いた。

雨が降りはじめて、碑の前にいたベトナムの人々はカバンから透明なビニール合羽を取り出した。がさがさと音を立てながら頭からかぶっている。私はしばらくのあいだ雨に打たれたままだった。沐浴気取りではない。単に合羽を持ち合わせていなかっただけだった。雨の筋は次第に強くなった。でも何かが洗い落とされた気配はない。

そんなことだからか、己の心はいまだに清められてはいないようだ。いつまでも苦さを引きずってゆくのかもしれない。

だが、もしも死後の安寧というものがあるのだとすれば、やはり彼のために祈りを続けなければならないと今は思い始めている。

第1章　中越戦争

最前線ランソンを銃弾が襲う

ビャッ、ビャッ、ビヤ、ビャッ、シャッ、シャ、シャッ

数しれない銃弾が豪雨のように押し寄せて、耳もとをかすめてゆく。

乗っていたベトナム通信社（ＶＮＡ）のジープはテント・シートが張られただけの無蓋車だった。一瞬のうちにフロントガラスが砕け、破片が助手席にいた私の顔面で飛び散った。反射的に身をかがめ、ドアを開けてカメラバッグもろとも道路にドサッと転がり出た。そのまま一回転して街路樹の根元に伏せた。街路樹といっても幹の太さは私の肩幅にも届かない。弾丸は樹皮を切り裂き、幹や枝にバリバリと食い込んでくる。１９７９年3月7日の午後のことだった。

弾雨というのだろうか、街路樹の葉が分厚く覆う空間を、大量の曳光弾が鋭い光跡を残して突っ切ってゆく。たくさんの小銃と機関銃による一斉射撃であった。遠くで聞こえる発射音は

かすかにしか聞こえない。だが、１０００m以上も飛ぶ銃弾の勢いが鋭く強かったから１００mか２００m先あたりから射っているはずだった。樹木の茂みを突き抜ける弾丸がひっきりなしに小枝を落とし、葉を散らした。

建造物が軒並み破壊され、ほぼ壊滅状態の市街地にはもう誰も住んではいない。その静寂の中を、空を切る弾丸の音だけがビャッ、ビュウ、シャシャッ、シャッと響き続けた。

砲撃で壊された街路はレンガやコンクリート片が散乱する瓦礫だらけの空間であった。銃撃が始まる前、周囲に目を配りながら車を走らせていたのだが、斜めに倒れ掛かった電柱から垂れる電線が車軸に絡まってジープは停まった。運転手のトゥオクは、それを外さなくてはと車の下にもぐった。銃撃が始まったのはその直後だった。落ちるように車から脱した私は１mほど離れた街路樹の根元へと這い進むのがやっとだった。そこはレンガを敷きつめた歩道であったが、銃弾を避けるには街路樹を盾にするしかない。さらに逃げまわるのは何の遮蔽物もないため、いっそう危険だった。弾筋に逆らわないように体を横たえ、空間に目を凝らした。

目の前を、切り裂くようにビョウ、ビョウと飛び続ける曳光弾は、目標めがけて弾が飛んでいるかどうかを射撃手が確かめる照準である。機関銃弾を連射するための弾帯（Ammunition belt）に、数発から数十発おきに曳光弾は埋め込まれている。白熱して飛ぶ曳光弾につづいて無数の機銃弾が飛んでいるはずだから、空間を埋める弾丸総量がどれほどなのかは見当もつかない。崩れた壁にあたってガキーン、ガッ、ガッと不意に跳ねてくる銃弾も方向が不定で極めて危険だ。跳ねて眼前にカラン、カーン、と転がってくる銃弾には、大小2種類があった。機関銃弾と小銃弾である。木の根元で私は何とか弾を避けようともがくことしかできなかった。間もなく自分も撃ち抜かれる。ここで死ぬのだという思いが極度の恐怖となった。

ジープの後部座席に乗っていたはずのVNAのタイン記者たちはすでに、10m も先の壊れた煉瓦塀に逃れていた。そこから、街路樹の根にしがみついている私に向かって「怪我してはいないか？　動かないで！」と叫んでいる。軍隊経験のある彼らは危機対応が素早く、知らぬ間に瓦礫の陰まで走り抜けていた。私は街路樹の根に顔を押し付けたまま震えていた。

何が起きているのか、どういう状況なのかも判断できない。うつぶせの形で木の根を強く掴むだけだった。銃弾が飛びしきる中、車体の下にもぐったまま黙々と作業を続けているトゥオクはいっそう危険な状況下にあった。顔を横に向けて彼をみた。怖がっているふうはない。かなりの力を入れて車軸に巻き付いた電線を冷静にはぎ取っている。おびえていた私はつたないベトナム語で声をかけた。「アイン　コ　ビィトゥオン　ホン（怪我はないか）？」、大丈夫、と返事が来た。そう言いながら彼は平然と作業を続けている。これは市街戦なのかもしれない。作業は急がねばならない。数しれぬ銃弾がハチの巣のようにジープを射抜いている。ガソリンタンクが被弾すれば、爆発・炎上しかねない。

その時だった。車の下にいた彼の体がビクンと跳ね上がった。彼は何かを叫んだ。握っていた電線が手から外れた。道路すれすれに来た弾丸が彼の体をつらぬいたのだ。動きが止まった。

鮮血がアスファルトの路上に流れ出る。それを目の当たりにしながら樹木に隠れている私は動けなかった。地面に横たわる彼とはわずか2mあまりの距離しかない。その空間にも銃弾は嵐のように飛んでいて近づくことができない。何度声をかけても彼はもう返事をしなかった。

ぞくぞくとする震えがきた。いずれ自分も射抜かれると感じつつも、半ば朦朧とする中で恐怖はなぜか遠のいて行く。強弱のある射撃に10分以上も曝されると思考回路が麻痺するのか。小説のように、家族の顔を思い浮かべるわけではなく、死とは何かなどという考えに捉われるわけでもない。あまりの恐ろしさは心を虚ろにするのであろう。思いめぐらしたのは、逃げるとすればどの方角が正解か、中国兵が押し寄せてきたら何語を話せばよいか。射撃は一晩中続くのだろうか、といったたぐいの、愚にもつかない考えだけであった。

腕時計を見てみた。……自分が死ぬのはいつなのか。3時25分。昼間なのにあたりは薄暗く、切り傷のように飛ぶ弾筋がくっきりと見える。空は乾季の曇り空にどんよりと覆われていた。

10分あまり経っただろうか、突然、銃撃がまばらとなった。血の匂いがする。トゥオクの傷口から出た血がすでに私のひざ元まで流れてきて落ち葉の下に滲みこんでいる。全く動かない我々を射撃部隊は「死んだ」とみなしたのであろう。撃ち方止めの命令が出たに違いなかった。その時タイン記者が叫んだ「今です、立ってこっちへ走ってください」。10mほど離れた瓦礫の陰からの声だ。身体の痛みは感じない。弾は私のどこにもあたってはいない。でもトゥオクを助けなければならなかった。「電線か何かを投げてくれ、それで彼の体を縛るから、そっち

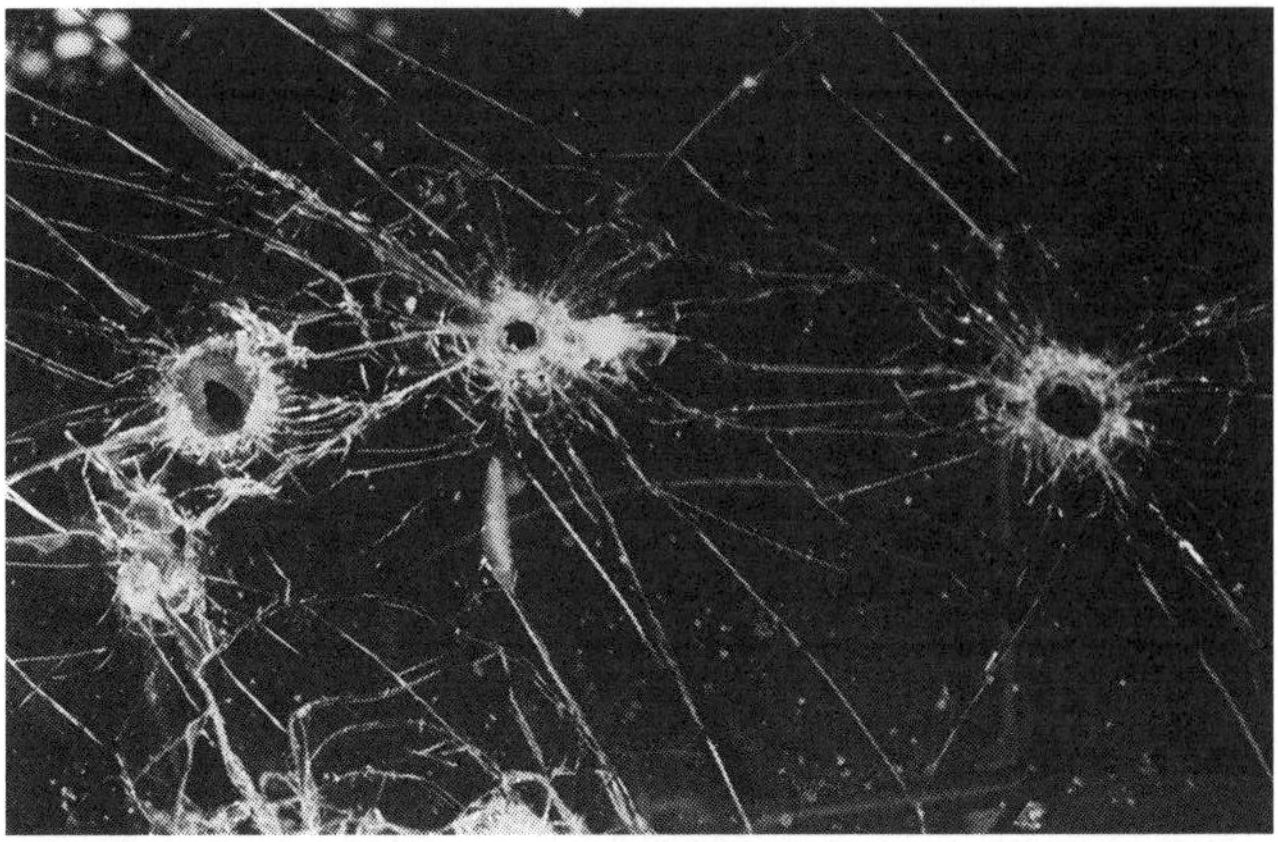
撃ち抜かれたジープのフロントグラス

に引っ張ってくれ」と私は叫んだ。タインが怒鳴った「ダメだ。犠牲者を増やすわけにはいかない。彼は私たちが守ります。いま動きを見せるとまた撃たれるだけです。あなたは思いきってこちらに来なければなりません」

街路樹の太さは60㎝ほどしかない。それ以上に体がはみ出さないよう気をつけながら私はそうっと立ちあがった。鼓動がドクドクと速くなっている。走り抜けるにしてもわずかな遅れが撃たれる危険を招く。カメラもバッグもすべて捨てて身を軽くして跳び出すしかない。ヘルメットもない。だがその時、「胸ポケットに入れていたノート一冊が銃弾を止めた」という記者仲間の話が頭をよぎった。改めて、バッグも2台のカメラも望遠レンズもケースもすべてを弾の飛んでくる側に首から鎧のようにかけ直した。銃撃の間隔を読んで全力で街路樹の根を蹴った。10mほどを必死の思いで、だがヨタヨタと走り、崩

追い抜いて行った高野特派員のジープ（左端）

れた塀の陰に倒れ込んだ。そのとたんに再びガンガンと銃撃が始まった。無数の弾丸がレンガ塀を削りだす。何かが動いたのを見た射撃手らが一斉に引金を引きはじめたのだ。瓦解した街の物音ひとつしない空間を、切り裂くような光の筋がザアザアと流れた。死が、前にも増して近づいてきたようだった。

気がかりは、我々の車が電線に引っ掛かった時に後ろからやってきた高野功記者の車であった。「こんなところに停まっていたら危ないよ、悪いけどお先にね」と言って追い越して行ったからだ。ここは危ない、早く脱出したほうがいい。彼はそう判断したのだ。瓦礫や建物の陰に中国兵が隠れているのだろうか。我々は市街戦のまん中にいるのかもしれない。10秒ほどで高野記者とベトナム外務省の役人、護衛兵が乗ったジープは前方に消えていった。銃弾がビョウビョウと飛び始めたのはその時である。彼が進んでいった方角から弾丸が飛んでくる。先に行った彼の車が一斉射撃のターゲットにされたのではないか……。高野と私はここで位置が入れ替わっていた。

最前線ランソンへ

1979年3月6日早朝、首都ハノイはまだ闇に包まれていた。ベトナム外務省前にはすでに世界中のメディア関係者が集まっていた。とは言え大半は東西ヨーロッパの新聞やTVである。日本からは朝日新聞が来ていた。アメリカや中国の報道機関は〝敵〟なのだから来ないのは当然である。ベトナムの外務省新聞局から「中越国境周辺で取材ができます」と宿泊先に連絡がきたのは前日の5日のことであった。私は通信社㈱ジャパンプレス・サービス（JPS）の写真記者として特派されていた。

中国の国営通信・新華社電は、中国軍の全国境からの撤退を3月5日に報じていた。ベトナム軍の強力な正規部隊がカンボジアから戻り、中越国境に到着して中国軍と対決するという情報も出ていた。中国側がその状況に恐れをなしたといううわさもあった。中国共産党中央軍事委員会がなぜか突然撤退を決定し、「懲罰の完了」を宣言した。それからすでに一日が経過している。

中国とベトナムとの戦争を最前線でようやく取材できる……。各国の取材陣がハノイを出発したのは翌朝、6日の朝4時ころであった。暗がりにエンジン音を響かせながら、北東に向かって国道1号線を各国の特派員の車が進んだ。その時私は、赤旗ハノイ支局駐在の高野特派員の車について行くのがベストだと考えていた。JPS本社から「いっしょに行け」と指示されたわけではない。高野功記者はベトナム語にかけては話すのも聞くのも堪能で、しばしば「ベトナム人か？」と聞かれるほどの実力を具えていた。取材する者としてこの能力は欠かせないのだが、東京からVNAの招きで短期間だけ特派され、発音の難しいベトナム語はからきしダメだった私のような者にとって、一緒にいれば何かにつけ助かる存在だった。

向かう先はベトナム最北端の国境に位置するランソンである。激戦が伝えられていた現地がどうなったか。中国側は外国人取材陣を決して前線に入れようとはせず、取材申請してもなしのつぶてだった。やましいことがあるのだろうか。ベトナム側はこうして何が起きているかを公開していた。

空が陰鬱な雰囲気をたたえていた。アメリカとの戦争が1975年に終わってまだ4年しか経っていない時期である。国道1号線という幹線道なのに凹凸が激しく、道路はいたるところで寸断されていた。ベトナム戦争中、タイの基地を飛び立ちラオス上空を通って飛来したB−52の爆撃で破壊された跡である。道路の真ん中が、直径10mもあるすり鉢状の巨大なクレーターとなっている。車はそのたびに道路の外に出て道なき道を迂回しなければならない。

アメリカは1964年に「米軍艦船が公海上で北ベトナム軍の攻撃を受けた」というトンキン湾事件をデッチあげ、その報復だとして1972年まで7年間もの北爆を行なった。B−52

ハノイで中国に抗議する人々

戦略爆撃機と艦載機による北ベトナムへの連日の重爆撃は、ハノイを始め北の全都市と工場・病院・道路網を壊滅させていた。その復興・再建工事がまだ終わっていない。１５０kmあまりの距離を車でたどるのに10時間ほどもかかった。

中国から南下してランソンに入る国境越えの道路には、昔から「鎮南関」のゲートが置かれていた。巨大な中国が南の蛮族を鎮めるための関門という意味合いがあった。だが、ベトナム民主共和国成立後は「友誼関」に改められていた。そうした社会主義国同士の友好関係を足蹴にして、中国はベトナムに攻め込んだのだ。

中越戦争という異常事態は、中国による公然たる侵略であった。ハノイの街には「中国の膨張主義的陰謀を断固として失敗させよう」といったスローガンを書いた赤い横断幕が張り巡らされ、戦況を示すマップの大看板が要所に立てられていた。これは毎

地方軍の兵士たち

日描きかえられるので、常に人だかりがあった。ランソンからハノイまでは150kmしかないのに、すでに国境を越えて中国軍が50kmも侵入したという情報が市民の心配を掻き立てていた。

中国とベトナムの国境線は19世紀、清朝政府と仏印（フランス領インドシナ）当局との間で一応定められていた。その国境に中国軍は60万人もの兵を北京以外の全軍区から動員し、集結させた。そのうちの12個師団（6万〜10万人）が1979年2月17日未明から国境を越えて侵略をはじめた。だが抵抗が強く、ベトナム領深くには入り込めていなかった。

ランソン、カオバン、ロクビン、ドンダンなど国境の街には中国軍戦車部隊と砲兵が侵入し、焦土戦術を進めた。まずは鉱山や工場施設、発電所などのインフラ設備の壊滅を狙った。ダイナマイトを使って爆破もする。さらに見せしめのように一般住宅に放火、破壊し、住民に対する殺害を繰り広げた。

2月27日付ベトナム紙ニャンザンは「中国軍はベトナム人婦女子を見つけしだい虐殺している」と報じた。こうした残虐行為は、「こんな恐ろしい敵とは戦いたくない」といった厭戦気分を住民の間に広げ、抵抗をあきらめさせようとする作戦の一つであった。

中国軍の侵入を防いできた要衝チラン

1号線を北に進んだ我々取材陣の車は、ランソンの南西35kmほどの町ドンモに到着した。そこは中国軍も入ってこられない安全地帯であったため、中継拠点としては悪くなかった。ベトナム外務省新聞局の担当者は、新たな前線の現地情報を探るべく駆け回りはじめた。

ドンモは、石灰岩の山塊が東西から迫っていることで有名なチラン地区の町だった。歴史をさかのぼれば、中国による侵攻は千年の長きにわたって繰り返されてきた。だが中国の軍勢の多くは常にこの地で撃破されている。チラン峠の狭い道を越えようとする大軍はベトナム側にとって格好の餌食だったのだ。12世紀には李朝の名将リー・トゥオン・キエットが宋の侵攻をここで打ち破っている。13世紀には元朝のモンゴル軍が日本襲撃（元寇）に失敗したのちに目をベトナムに転じて襲来、ハノイを含む広大な地域を占領した。海からの侵攻も行なったにもかかわらず、王子チャン・フン・ダオが彼ら占領軍を全滅させた。15世紀にはいるとレロイが明朝の侵略軍を殲滅している。常に決起・抵抗する英雄たちが現れて、中国や元の支配から越

中国との国境地帯

南（ベトナム）を守ってきた歴史がある。チランはいかなる侵略軍でも通過することが難しい、国防の要衝なのであった。

ドンモの町中には大きな絵看板が掲げられていた。象にまたがって剣を振りかざしているチュンチャック、チュンニ（徴側、徴弐）姉妹の勇姿である。紀元40年、中国の光武帝によるベトナム支配に対して姉妹が決起、反乱軍を率いて中国の大軍と3年間戦ったという史実がある。彼女らは独立のシンボル、ベトナムのジャンヌダルクとして今も崇拝されている。ベトナム各地にハイバチュン（チュン姉妹）の祠が建てられているほどだ。

対中戦争ともなれば、まさしく姉妹伝説の出番である。人々は姉妹の勇敢さを想起しつつ最前線で戦った。戦略・戦術だけではない。アメリカという大国を相手にしての不敗の軍という誇りも、人々の間で十分に培われていた。「小国」だとあなどって侵略した中国軍は太刀打ちできるはずもないのだ。

しかもこの中越の戦線にベトナムは正規軍をしばらく出していない。軍の精鋭はカンボジアに投入されており、中国軍と戦ったのは地元の山岳地帯を熟知している地方軍、民兵、公安警察という〝補助部隊〟であった。この程度の戦力で充分勝てる、との判断があったようだ。アメリカとの戦闘で経験を積んだ兵が地方軍や民兵の中に大勢おり、米軍弾薬庫から奪取した武器や銃弾もそろっている。ベトナム戦争中に中国・ソ連、東側諸国から届けられた兵器も、まだ十分に残っていた。

高野記者の車にはベトナム外務省新聞局の案内者カー氏と世話役、護衛の武装兵士が乗り込んでいた。赤旗紙はベトナムでは別格、賓客扱いだから警備・護衛がつく。私が乗せてもらっていたVNAの車には日本語を話せるタイン記者と総務部のダオ氏らが一緒にいるだけで護衛はついていなかった。

ドンモに宿はない。砲撃を免れてかろうじて残った民家があった。屋内には竹を組んで作られた台座がいくつも並んでいて、そこが寝られる場所だった。ガラスのはまっていない窓があって涼しい風が通り抜ける。竹の上に敷いてあるのはゴザが一枚。蚊よけの蚊帳も台の上にぶら下がっている。シーツのような薄い上掛けをかけて寝るのだが、それなりの寒さだった。もはや戦場なのだからこれでも有難い条件だった。高野記者は愛用していた寝袋を開いて床に敷いた。「自分だけの装備で申し訳ないね」と言いながらそれにモソモソと潜り込む。翌朝の集合時間も早かった。暗いうちに出発の準備が始まった。

壊された町の一角に関係者らが集まった。黄色や青の色とりどりのヤッケを着た特派員たちとあいさつを交わす。その時に「スウェーデンの取材チームがすでにランソンに向かった」という話が漏れ伝わってきた。抜け駆けではないか。我々も行こうと要求し、新聞局のカー氏が駆け回るようにして現地の軍の担当者らと相談を続けた。しばらくしてＯＫとなった。他国のメディアは動かない。出発の交渉が難航しているようだった。ランソンまでは舗装してない山道が延々と続く。峠を越えさえすれば前線の市街に近づけるはずである。我々は先行したチームを追いかけようと、直ちに車に飛び乗った。

至近距離の砲弾

我々の2台の車は、山道で出会ったベトナム軍部隊と別れ、右へ左へと曲がりながらさらに高みへとゆっくり進んだ。道路は、はげ山となった斜面と深い森の間を縫うように拓かれていた。ランソンまで３㎞の道標が立つ山頂のあたりにたどり着いたころ、車の前で突然にグァッキャーンという大爆発が起きた。急停止した車から全員が飛び出す。私も慌てて道路に出て体をかがめた。みんなは道の脇に掘られている浅い排水溝に身体を沈めている。誰かが私に向かって「溝に入れ！」と怒鳴った。

峠道で砲撃を受ける

炸裂したのは中国軍の迫撃砲弾だった。砲爆弾の鉄の弾殻はとてつもない破壊力を持つ。着弾点から高温となった鉄塊が放射状にちぎれて飛ぶから、近くに立っている人間は身体を裂かれて殺られてしまう。だが地面に伏せたり窪みに隠れたりすれば、直撃でない限り何とか被弾を避けられる。さらに数発が立て続けに爆発した。体が浮き上がるほどの衝撃である。土くれとともに、目の前に砲弾の破片、ぎざぎざの鉄片が鋭く回転しながら飛んでくる。灼熱と化して飛び散る〝刃物〟である。さわると火傷するほど熱い。

でも運がよかった。人や車への直撃がない。射ち手の側は通過するジープをちらりと見ただけで山かげに停まった車が見えていないようだった。そのうえ照準が不正確であった。だが、我々の車が彼らに監視されていることは確かで、来た道を戻るのは車体を再び彼らの視界に曝すことになり一層危険だった。しばらく経ってから「ディ　ディ！」（行こう！）の声で全員が車に飛び乗った。車は全速力で砂利道をスリップしながら山道を走り下った。はるか後ろのほうで爆発があったが、すでに危地は脱していた。道路はそのままランソンの市街につながっていた。

街は見渡す限り瓦礫の原だった。建物や電柱は倒されレンガやコンクリートの破片が街路に散らばっていた。倒れた街路樹が道を塞ぐ。軍用トラックが破壊されて横転し、水牛が死んで膨れあがったまま4本足を空に向けた姿で転がっている。

130㎜砲弾や戦車砲による攻撃だけではない、侵入した中国軍は建造物をダイナマイトで爆破している。市街地は人っ子一人いない静寂の世界だった。

不気味さを感じつつ石やレンガ片をゴツゴツと弾き飛ばしながら、車はさらに3㎞ほど離れたベトナム軍の前線司令部に向かった。

洞窟のベトナム軍部隊

街を抜けると農地の先に大きな岩山がある。樹々に覆われてはいるが鍾乳洞を抱える巨大な岩塊だ。そのチュアティエン（仙寺）洞窟にたどり着くと、銃を低く構えたベトナム兵たちが岩陰から現れてバラバラと駆け寄ってきた。なんと中国兵と交戦している最中だという。

「どうしてこんなところに入ってきたのか、敵のゲリラが隠れているのに！」

我々の到着を知って彼らは驚いた様子だった。「まだ非常に危険な」状況だというのだ。

洞窟内のベトナム兵

中国軍は実際にはランソンから退いていない。市街戦が続いていて「撤退した」との5日の新華社電はフェイクなのか、あるいは撤退声明を知りつつ意図的に残留しているのか。5日にも中国軍の突撃隊がこの洞窟にやってきて手りゅう弾を放り込んでいる。撤退声明の最後っ屁のような戦闘だ。だが、なぜか7日になって散発的に攻撃をかけてきていた。だからここも安全ではないというのが部隊長の説明であった。そしてスウェーデンのチームはどこにも来ていなかった。彼らが先にランソンに向かったという情報は何だったのか。

兵士たちと話している間にも、砲弾が岩山の周辺で何発も炸裂する。高地を占領している中国軍がベトナム軍を牽制するかのように、しつこく撃っているのだ。

ベトナム軍部隊がシェルターとしている洞窟の内部は、鍾乳石が垂れさがる空洞が長くうねうねと続いている。仙寺という名の仏教寺院であったから、洞窟の広い空間が丸天井の伽藍とされ、祭壇はその壁面に沿って置かれている。それがすべてなぎ倒されてしまっていた。仏像は首と腕が胴から切り離されて転がっている。陶器でできた香台が線香の灰をぶちまけて幾つも散らばっている。それに金銀の造花が不揃いに混ざる。

その灰の中に『はだしの医者（赤脚医生）』の手引き書が埋もれていた、ハガキ大で2㎝もの厚さがある。60年代に毛沢東が指揮扇動した権力闘争・文化大革命のさなか、医療制度がない事態に対して、西洋医学など何ほどのものかとばかりに農民に普及し、あるいは農村に下放される人々が携えていた漢方医術の虎の巻だ。西洋薬がなくても木の葉・草の根で止血はできる。中国伝統の医術で病気も傷も克服できるという指南書だ。文革は終わったはずなのに、中国軍の衛生兵は未だにこれを持っていたのだ。それを捨てて逃げ出さざるを得ないほどの白兵戦が、洞窟の中で3日前にあったという。

中国製の手りゅう弾2個が岩の上に残されていた。投擲するための握り部分は木製だった。第一次世界大戦当時の仕様である。撤退するときに中国兵があわてて残したのか、あるいは不発弾だとして捨てたものかもしれなかった。

洞窟の中を這い登ると、岩山の外にひらけた大きな開口部があった。そこから街を一望にできた。くすんだ赤瓦の古びた街並みがあちらこちらで崩れ落ちている。市民は2月17日の中国軍の越境と同時に避難し始めたため人影は見当たらない。静まり返った世界で、小屋から逃げ

右手前に不発弾

出た豚や鶏だけがわずかに動いていた。遠くキークン川の北岸で立ち上っている煙は、中国兵が死体を空き家となった民家に積み上げて焼いているからだとベトナム兵が囁いた。住民を殺害したという証拠の隠滅なのか。

焦点距離が長い割には軽くて短い500㎜反射望遠のレンズにテレコンバーターをつけ、1000㎜にして撮影しようとした。だがどうしても鮮明には写らない。死体を焼く不気味な煙は、よどんだまま曇り空に溶け込んでいく。中国軍は少数民族の新兵を先頭に立たせて進軍するのだという。次々と出る戦死者を後方へ運ぶことさえ間に合わず、現場に放ったらかして逃げる。あるいは死体を現場で焼いてしまう。

やはりここは激戦の市街地なのだ。こんな最前線にいるのはあまりにも危険だと思わせる光景であった。

中国兵が死体を焼く煙

危険地域からの脱出

静けさは怖さを募らせる。市街戦・銃撃戦がいつ始まるかもわからない。我々は来た道をたどってドンモに戻る以外にないようだ。高野記者が言った。

「こうなったらしょうがないよな。でもどうしてこんなことになってしまったんだろうね」と、彼はベトナム側に問いただしたりした。

「今晩はここで夜明かしなのかな」

「まあ、今日起きたできごとだけでも何本かの良い記事になる。今のうちに書いておこう。新華社電は『中国軍は撤退した』と2日も前に発表したのに、まだ撤退していないし、嘘なんだからね」

と言って高野記者は岩の上に置いた黒表紙のメモ帳にペンを走らせた。「早く送稿したいんだけどなあ」ともつぶやいている。だが電話も無線もない洞窟からの送信は不可能なのだった。

洞窟に入ったまま3時間ほど経った。中国軍ゲリラの夜襲を考えれば、ここで一夜を過ごすのはきわめて危険でもあった。こうした修羅場でも高野記者の耳はベトナム兵たちのつぶやきを冷静に捉えていた。

「中村さん、ジャンケンしようよ」

と彼は言った。食べ物のことだろうか？　もう午後になってはいたが朝方に小さなパインミィを二つにちぎり一切れずつを口に入れただけだった。一本だけあった缶ビールを二人で半分ずつ飲んだが、やはり空腹だった。乾パンか何かを手に入れたのだろうかと私は思った。

「ジャンケン？　ああ、やりましょう」

と答えて袖をめくった。私はグーを出し、彼はパーを出した。

「うん、じゃあ、お先にどうぞ」

と彼は言った。車の出発の順番のことだった。私はその意味がよくわからないままにＶＮＡのタイン氏と運転手らに伝え、洞窟を出た。

私が乗るＶＮＡの車が先に出発した。後で気づいたのだが、先頭を走る車のほうが危ないと、高野は兵士たちの会話に聞き耳を立てながら判断したようだった。兵隊たちが市街戦の様子を話していたよ、とだけ彼は言った。

砲撃や爆雷で全壊した市内を二台のジープはかなりの距離を置いて走った。高野の車はソ連

洞窟を出てジープに乗る直前の我々。先頭が高野記者、次の帽子はタイン記者そして私（ランソン紙提供）

製のウアット車だ。走るというほどの速さは出さずに、瓦礫をガンガンと踏みはじきながらあえぐように進んだ。途中、壊れたランソン駅や警察署などを大急ぎで撮影した。砲弾を受けた跡なのかクアンチュン通りは大小の穴だらけであった。不発で、コンクリートの舗装に突き刺さったままの砲弾もそのままある。でも我々は、一本しかないこのルートをたどってドンモに帰る以外に、危地を脱する方法はない。

その時電線にからみつかれたのが、先を走っていた私の車だった。キイッと金属に縛られるような音がした。斜めの電柱から垂れさがった電線がタイヤの内側の車軸に巻き付き、強く食い込んでしまっている。運転手のトゥオクが飛び降りて車の下に潜り込んだ。

高野記者のジープがすぐに追いついてきて、この事態を見た。私に向かって「こんなところに止まっていたら危ないよ。お先にね」と大声で言い残して前方に消えていった。

そして我々は、突然に中国軍の待ち伏せ攻撃を受けることになったのだった。

銃撃の中、瓦礫を乗り越える

銃撃が止んで、街路樹の陰からかろうじてレンガ塀の後ろに転がり込んだ私は一息ついた。銃撃はしつこく続いていたが、レンガ壁が銃弾をはね返していた。もはや安全と思えた。

しばらくすると、先行したジープで高野記者を護衛していたはずの兵士と、同乗していた外務省の人間らが崩れた家の壁を越えてやってきた。兵士の左腕を縛っている布から血が滴っている。「どうした！ 高野はどうした！」と私は叫んだ。「彼は負傷しました。でもあなたは心配しないでいいです、彼は向こうで守られています」とベトナム外務省新聞局のカー氏が答えた。ＶＮＡのタイン記者がそう訳す。さらに「私たち５人は高野さんのためにここに残ります。護衛兵が持っていた銃が一丁使えるから中国兵が来たらそれで私たちは戦います」とタイン記者は続けた。市街戦である。一丁の銃だけで中国軍部隊と戦えるか。そこに残るというのも命がけではないか。

腕から血を流している護衛兵ドゥオン中尉はヌン族で、地元ランソンの出身だった。街と周辺の山野に明るい。思い返せば、高野を乗せた車が私たちを追い抜いて２００ｍあまり進んだところに一斉射撃が始まっている。正面のキークン川の対岸にいた機関銃部隊が火を噴いただけ

高野記者のジープ。銃撃と砲撃でぐしゃぐしゃになった

でなく、道路わきの行政委員会庁舎に隠れていた中国軍一個分隊が至近距離から小銃で狙撃し始めたのだ。ドゥオンはすぐに道に伏せて応戦したという。しかし中国兵の銃弾は彼の上腕を射貫いた。もはや銃を構えることができない。そのとき高野記者は中国兵を撮ろうとして、ジープの背後でカメラを構えたが、耳のあたりにかすり傷を負って倒れたという。そんな高野を残してみんなこっちに来たのかと問い質したが、「もうベトナム兵が反撃に出て守っているから大丈夫」との説明だった。

銃撃はまだ続いている。高野が怪我をしている。……腑に落ちない話だったがタイン記者がたたみかけるように叫んだ。

「ここにいては最早あなたも危ない。今すぐ逃げてください。そしてベトナム軍の部隊に状況を伝えてください」

逃げるだけではない、市街戦の危急も告げなければならない。中村は腕を射抜かれたドゥオン中尉とカーの3人だけで、瓦礫の街を抜けて4㎞先のベトナム軍の岩山まで逃げること。途中で中国兵と遭遇したらドゥオンが戦うから、その隙に一人で判断してとにかく逃げ延びること。彼は腕をやられていて銃を使えないから小銃は置いてゆく。その代わりに手りゅう弾を2個持っているので彼はそれで敵とやりあう。その木製の柄が付いた手りゅう弾は、出発前に洞窟内で見た覚えがあった。中国兵が岩山に残した不発弾だ。

話をする暇もなく手りゅう弾の柄を握った彼が塀を飛び越えて走り出した。私もあわてて後を追った。中国兵は近くにいる。銃弾が降りしきる道路は危険すぎて通れない。倒壊したレンガ造りの家の内側をくぐり抜け、壁をよじ登り、段差を飛び越える。普通では考えられないほどの腕力が出た。レンガ塀も家の壁もがっしりと建っているわけではない。穴が開き、あるいはひび割れていてわずかに触れるだけで崩落する。レンガの陰に不発の戦車砲弾も転がっていた。どこが安全なのかなどと見極める余裕はない。体が通る隙間を見つけて飛び込むだけだった。窓ガラスやトイレのタイルなどを踏むとヌルリと滑る。飛びついた煉瓦塀が崩れて壁面もろとも私も転げ落ちたりする。鉄筋が八方に突き出た塀が行く手を阻む。

立ちすくんでいるとカシッ、カシッと瓦礫を踏む音がかすかに聞こえた。数軒先で人が動いたのだ。中国兵か？　あわてて塀に空いた穴を潜り抜ける。さらに次の塀を越えたとたんにグヮングヮランと大音響が響いた。レンガもろとも私の体が大きなトタン板の上に落ちたのだ。

瓦礫の中を逃げ始めた私（ランソン紙記者撮影）

心臓が止まるほどの音だった。中国兵はこれを聞き逃すまい。

四つん這いでその場を逃れ、瓦礫の陰に身を隠した。その途端にガンッ、ガンッと2発の銃声が響いた。至近距離だ。私は瓦礫に足をとられながら音とは反対の方角に夢中で逃げた。走っていれば弾が当たる確率は減る。

なぜか銃撃音はそれ以上続かなかった。中国兵が大音響に驚き、威嚇のめくら撃ちをしただけで逃げたのだろうか。市街戦での撃ち合いは、撃っては逃げる機敏さが要る。ともかくそのあたりから素早く遠ざかる以外にない。気がついてみると前を行く二人とはかなりの距離になっていた。ドゥオンはかなり前を走っている。ヌン族の出身で山育ちの彼の身のこなしは敏捷で、とても追いつけるものではない。カーは少し遅れて走っている。逃走する場合は固まって支えあったりしてはならない。てんでんばらばらに行動するほうが全滅の危険を避けられる。

私は、滑ろうが崩れようが瓦礫群を踏み越えて進むしかなかった。転びつ、まろびつの逃走である。運を天に任せ、孤軍奮闘で壊れた家並みに飛び込み、潜り抜けることだけに集中した。

迫撃砲弾が追ってきた

瓦礫の市街地を出るのに30分もかかっただろうか。街はずれには見通しの良い畑が広がっていた。収穫を終えた後らしく作物は何もなく、黒く波打つ畝だけが続いている。速く走ろうとするのだが凹凸のある柔らかな土に足をとられて何度となく倒れてしまう。めざす岩山は遠くに霞んでいる。

その時だった。ガッキャーンという落雷のような爆発音が響いた。皮膚も鼓膜も破れたのではないか。至近距離での砲弾のさく裂。破片がうなりをあげて飛んでくる。爆風に飛ばされるように横倒れに転んだ。土や小石が頭から降り注ぐ。

すぐに起き上がって必死に前に走ろうとしたが、恐怖のせいかふくらはぎが固く痙攣している。見晴らしの良い畑地の真ん中だ、砲撃は明らかに私をめがけていた。何度も何度もしつこく砲弾が追ってくる。爆発のたびに畑に伏せた。何発も見舞われているうちに気がついた。迫撃砲弾は狙った地点に落とすために安定翼が付いている。だから近づいてくるとヒュルヒュルヒュルという翼が空を裂く回転音がひびく。その音と同時に倒れていれば、直後の爆発でもやられる危険は激減する。中国の砲撃部隊はたぶん高台から私の動きを見ている。目測のはずだ。砲弾は近くに遠くに不規則に襲来した。岩山までは３㎞ほどの距離。着弾点から10ｍ以内に立っていれば死は免れない。音が聞こえるたびに頭から畑に突っ込むので目も口のなかも土だらけとなった。

ゼエゼエと空気をむさぼりながら走るうちに、残り３００ｍほどになった。洞窟に近づくと先を走っていたドゥオンが岩かげから何か大声で叫んでいる。あの岩窟にたどり着きさえすれば、砲弾はもう屁ともない。岩山は巨大な石灰岩の塊だ。滲みこんだ水滴が何万年もの間したたり続けて洞窟を作ってきた。強靭な岩塊は砲爆撃を受けてもビクともしない。だが、その間にも狙い撃ちは続いた。長い３００ｍだった。

中国軍はランソン市の西にあるタムタインの丘に迫撃砲陣地を築き、市内全域を監視、攻撃していた。ベトナム軍とは言え迫撃砲弾が相手では空中で撃破はできないし、防ぐ手段がない。洞窟のベトナム軍はハラハラしながら私を見守り続け、やられないように念ずるしかなかったようだ。

ついに麓の岩に私の手がかかると、ベトナム兵たちが喚声を上げた。立ち上がってはよたよたと走る私が、ついに砲撃から逃げ切り、無傷で駆け込んだ奇跡を祝ってくれたのであった。首からたすきにかけていたカメラとバッグはこの間に何度も地面に叩きつけられている。まだ使えるかどうかはわからない。

最前線で戦い、生還した兵士たち

私たちに起きた事態を聞いて、ベトナム軍の分隊十数人が直ちに狙撃のあった現場に岩山から出動した。ひと山超えた先にある師団本部に走る兵たちもいた。

突然の狙撃、高野記者の死

激しく喉が渇いていた。ベトナム兵がでこぼこのアルミの水筒を肩から外して水を飲ませてくれた。生ぬるかったが水筒の半分ほどは飲んでしまった。若い兵隊たちがニコニコとしながら近寄ってきて、私の肩をたたいたり手を握ったりした。

洞窟の部隊は何十人いただろうか。火や煙が見えると狙われるので、洞窟内の奥まったところで飯を炊く兵隊たちもおり、煙が立ち込めていた。炊きあがったインディカ種のベトナム米の香ばしい匂いが漂ってきた。車座になった兵士らの間に私も体を入れ、炊きたてのコメを彼らと一緒にわしづかみにし

コメが炊きあがるのを待つ兵士たち

て口にいれた。

川の水で炊いたためか砂が混じっていた。噛まずに丸呑みする。兵たちが食べているのは米飯のみ。岩に敷かれた新聞紙の上の砕いた岩塩を、みんなでかわるがわる少しつけて食べるだけだった。米と塩。これがベトナム軍の食事か。あのアメリカ軍を打ち負かしたベトナム兵はこんな粗食で頑張っていたのかという驚きとともに、感動があった。


狙撃された現場に急行した部隊からの連絡はまだなかった。撃ち合いが再開されているのではないか。そんな中で高野記者はどうしているのか。新聞局のカー氏に聞いても「心配ない、彼はもうすぐ帰ってくる」と横を向いたまま繰り返すばかりであった。

夜の7時ころになって数人の人影が洞窟の入り

口に到着した。帰ってきたと思った。「おーい高野さん、大丈夫だった？」。……返事がない。「高野さーん！」。近寄ってきた兵のひとりが私の肩を強く抱いて言った。

「He was killed instantly.」

私は思わず聞き返したが、彼は「彼は殺されました。即死でした」と繰り返しつぶやいて私を抱きしめた。

信じられない話だった。銃撃が始まってすぐに高野はこめかみを撃ち抜かれたのだという。私はその兵士にしがみついた。彼が私の耳元で泣いている。恐ろしさと悲しさが胸にこみあげてきた。

しかしこれは奇妙な話だ。新聞局のカー氏は「大丈夫、彼は帰ってくる」と言っていたではないか。もしかして怪我をしたまま動けない状態で致命弾を受けてしまったのか。そう考えた時、私の胸に怒りの感情が沸き上がった。カーを捕まえて問い質した。

「何が起きたのか正確に言え！」

カーは「本当に残念なことでした」と静かに言いながら、きっぱりとした口調で話し始めた。

「私は今まであなたに嘘を言っていました。最初の銃撃で彼が即死したのをすでに私たちは知っていました。銃撃が始まると同時に、彼はジープの後ろに回りました。そして狙撃兵に向かってカメラを構えたのです。護衛兵も小銃で応戦しましたが腕を撃たれました。その時、高野記者のこめかみを銃弾が突き抜けました。彼はその場に倒れました。血は少ししか出ませんでしたがすでに脳漿が飛び出していました。私は、あの銃弾の嵐の中でカメラを構えた彼の姿を忘れられません。勇敢なジャーナリストでした」「しかしその時にもう一人の日本人、中村はどうなったかということで、隙を見て現場を離れ、みんなで200mあまり離れたあなたのところへと決死で走ったのです。あなたも街路樹のもとで銃弾にさらされていたと知りました。彼の死をその場であなたに伝えれば、あなたは理性も失って、また新しい犠牲者が出ないとは限らないと私たちは考えました。それであなたには、彼は怪我をしただけと、嘘を言うことにしました。そして〝彼は大丈夫〟と言ったのです。私たちのこの対応を許してください」

銃撃の現場に残っていたタインらも洞窟に帰着していて後を続けた。

「いずれ遺体に会ってください。こめかみに銃弾を受けて即死していることがはっきりわかるでしょう。あなたたちが出発した後すぐに、まだ銃撃は続いていましたが、私たち現場残留組は、彼の遺体を安全地帯に運び込んで護りました。負傷したトゥオク運転手も無事に車の下から救出しました。この危険な救助作業の時、次の犠牲者が出なかったのは幸いでした。銃撃はさらに2時間ほども続きました。その間私たちは彼の遺体を見守りながら、救援隊が来るのをじっと待ちました。そうしているうちに中国軍は迫撃砲を使って攻撃を加えてきました。すべて至近弾です。その時は私たち全員が死を覚悟しました。1回に5～6発ずつの炸裂が10回ほど繰り返されました。そのうちの1発は高野記者のジープに落ちました。ボンネットが壊されました。私たちが隠れている家の壁も崩れ落ちました。長い時間だったように思います。ようやく救援部隊が到着しました。私たちは彼の遺体を安全に運び出すのは暗くなってからのほうが良いと考え、薄暗がりの中でさらに安全な場所へと彼を運び出しました。後方のＶＮＡのジープの後部座席に寝かせました。音をたてぬようにしながらみんなでジープを押して現場から離れたところに隠しました。敵のゲリラなどが出て手りゅう弾などを投げ込ませないよう、戦闘部隊が周辺に散開して車を守っています」

私は今すぐ彼に会いたいと申し出た。しかし部隊は許さなかった。「この状況の中で戻るのは危険です。また犠牲が出ます。今はこの洞窟から外に出てはなりません」。砲撃は再びこの岩山を狙うようになっていた。

本来ならば私の車が先に行ったはずなのに、「お先に」と言って走っていった彼がやられてしまった。まさに私に代わっての死ではないか。優秀な男だった。こんなところで殺されてしまった彼の苦痛と悔しさを思うと、いたたまれない思いだった。こみ上げてくる感情を抑えられずに私は彼らの前で取り乱した。タイン氏は私の肩を抱いて「許してください」と繰り返した。

絶望であった。彼の死が事実であるなら、お通夜をしてやれるのは自分しかいない。日本側は家族はもとより、まだ誰もこのできごとを知らない。私は洞窟の壁に背をもたれかけて目をつむった。中国軍の砲撃は先刻から方向を変え、再びこの洞窟を狙うようになっていた。ガーンという砲弾の炸裂音が間をおいてとどろく。

砲撃をくぐるようにしてベトナム軍の大部隊が岩山に続々と集結してきた。後方の陣地にいた師団長も山を越えてやってきていた。部隊は周辺の山と丘を捜索し中国兵ゲリラの掃討を進めていた。深夜に戦車をここに入れて高野記者の遺体を運び出す。彼の体はこれ以上絶対に損傷させないよう、全力で守り通すという説明があった。

撤退命令に背いて中国軍が待ち伏せしていた謎

狙撃現場で待ち伏せをしていた中国軍は、ジープの乗員が誰であるかをどう判断したのか。ジャーナリストであること、しかも赤旗記者とVNA記者団であることを知っていたのではあるまいか。撤退命令が出てから2日も経っているのに、退かずにそこで待っていたのはなぜなのか。軍隊という組織ならばこれは異常な行動である。

一つの可能性としては、外国の特派員団が大挙してハノイを出発し、一斉にランソンに向かって進んだことが諜報員によって中国軍に伝えられていたということ。密偵はベトナム人と変わらない日常を過ごしながら、いざというときには中国に連絡ができる。中・越両国語が話せるのだ。そうした人間はどこにでもいることを前提に行動しなければならないと、以前にベトナム軍関係者に聞いたことがあった。ランソンの手前のドンモで「赤旗とVNAの車2台が出発したぞ」と通報する者がいたとしても不思議ではない。

赤旗は当時ハノイに支局を置く世界でただ一つの新聞であった。中国の侵略を徹底的に糾弾し、無差別の虐殺を行なっている事実をリアルに伝える記事は、各国のメディアで引用される役割を果たしていた。ＶＮＡはベトナムの国営通信社として、中国軍の無法を連日世界中に数か国語で発信していた。中国側が「この不埒な者たちに教訓を与えよう」と考えることはあり得る。

スウェーデンのチームが先にランソンに向かったというドンモでの噂も、後から調べてもどこから出たものかわからなかった。断定はできないが、赤旗とＶＮＡをおびき出すための偽情報だったのかもしれない。ほかの特派員団には伝わっておらず、彼らは出発していなかったからだ。疑心暗鬼はつのるばかりである。

中国軍はランソン西郊の市内全域を俯瞰できる丘に迫撃砲陣地を置いていた。ほかの山頂にも配置されていた監視哨と連絡しあって目標の位置をとらえる。ランソン市内に入る峠道での我々の被弾は、そのシステムが捉えたもののようだった。その車が2台、岩山のベトナム軍の洞窟に入るのを確認し、ふたたび出てくるのをじっと待っての待ち伏せ、一斉射撃なのであった。

彼を狙撃してからの中国軍の動きは素早かった。現場から戻った人たちの話を総合すると、銃撃した大部隊は暗くなる前にさっと移動している。命令は首尾よく遂行した、もうここに残る必要はない、ということだったのだろう。ランソンには残置ゲリラと、丘の上に迫撃砲部隊がわずかに残っただけだった。中国領への撤退に際してベトナム軍を牽制するための小人数の兵だ。

撤退命令の出た5日には中国軍部隊はまだランソンに居てベトナム軍と交戦している。しかし6日と7日には少数のゲリラ以外には衝突がない。部隊は撤退したのであろう。軍隊の撤退行動は追撃されないように素早く行わなければならない。攻撃態勢を解き無防備で後方に向かう形となるからだ。しかし命令から2日後の7日になってなぜか彼らは整然と待ち伏せていたのである。偶然に残留していたなどと考えるのは難しい。赤旗とVNAが来るとの情報が入って、銃撃部隊だけが秘かにとって返したのではあるまいか。

暗闇の中での山越え

洞窟に到着した師団長が私に近寄ってきて言った。

「ここはまだ極めて危ない。暗くなってきましたが、月が落ちて真っ暗になったらあなたたちはここを出て行ってください。車は危ないですから出しません。後方の山を歩いて登り、尾根を越えた向こうのベトナム軍の陣地へ朝までに逃げてください。深夜にはここにもまた中国軍ゲリラがやってきますから。……その白い上着はだめです。腕時計も外してポケットに入れてください。反射するものを身に着けていてはいけません。できれば眼鏡もしまってください。懐中電灯は絶対にダメです。小部隊で護衛するとかえって目立ちますから先導する兵と一番後ろにもうひとり、2人だけ付けます。彼に従って明け方までには何とか山を越えてください」

ベトナム軍の司令官は「こんなところで外国人記者を死なせてしまった」という責任を痛切に感じていたようだ。深夜の山越えという、イチかバチかの脱出策が私に示された。

月が落ちて、あたりは深い闇に包まれた。白のカメラマンコートを脱いで、紺色のポロシャツ一枚になった。その上から黒く薄いビニール合羽を羽織った。カメラバッグは幸い真っ黒だ。それを肩から外れないように首からたすき状に掛けた。案内の若い兵隊が「山の中で敵兵に出会ったら、日変わりになっている今日の暗号を言います。正しく答えれば味方ですが答えなければ中国兵です。その場合は静かに迂回しますから、そのつもりで従いてきてください」と言った。暗闇の中だから案内する兵隊の姿は見えづらい。彼のシャツの後ろを握りしめ、私たちVNAと外務省の数人は無言のまま一列になって歩き出した。

民家の庭を通り、畑を横断する。私の合羽の後ろをタイン氏が掴んでいる。灌木の叢林になった。斜面の傾斜具合を手探りしながら兵はそろそろと藪の中の道なき道を登った。周囲はまさに漆黒の闇と化していた。私は必死でシャツの裾をつかむ。棘だらけの雑木が合羽を破く。アカシアの類だろうか、小さな枝葉が顔やまぶたを傷つける。裾をつかむ手が血にまみれた。額からはとめどもなく汗が、鼻汁と一緒になって口元を流れる。この山はふだん人間が通るところではない。山道の周辺には中国軍が対人地雷を埋めて去ったはずだから、道を通るわけにはいかない。しかし亜熱帯の森には樹叢に潜む緑色の毒ヒルがいるし、噛まれれば牛さえ即死するという猛毒の蛇だっている。その血清などは無い。

一歩一歩慎重に進んで、何時間か経った時だった。兵士が歩みを突然止めた。左前方でカサカサという物音がする。彼は小さな声で暗号をつぶやいた。しばらく待つ。もう一度大きめの声で言ってみた。返事がない。兵士は後ずさりし始めた。列が崩れる。彼は右手のがけ下にすべり落ちた。私たちも続いて転がり落ちる。そこなら安全である。そのまま体を動かさなかった。市街戦やゲリラ戦をやっていた中国兵の残存部隊が闇に紛れたままでいることもありうる。しばらくしてタイン氏が小声でささやいた。

「敵もむやみには撃たない。最初に撃ったほうが銃口の火を見せることになってそこが狙われてしまうから。相手の位置が確認できない暗闇では互いになかなか撃てないのです」

がけ下でかなりの時間を過ごした。遠くで響く砲声が近づいては来ないかと心配になった。頃合いを見てまた崖のような斜面を這い上った。夜露をのせたシダや笹は踏みつければ滑る。その上急坂だった。兵のシャツの裾を掴んだままだから私が滑落すれば彼も引きずり落とされる。密かに忍者のように行動し、しかも急がなければまた砲撃される危険も残っていた。

進んでは戻りを繰り返しながら6時間ほどかかっただろうか。進むべき方向も間違ってはいないようだ。まだほの暗い早朝に、なんとか尾根筋らしきなだらかな地面にたどり着いた。ベトナム軍の塹壕があった。体を休めるべくその中に入れてもらって1時間ほどを過ごした。

そこを出て再出発すると、今度は下り坂が続いた。遠くの山すそをライトをつけないベトナム軍の車がゴウゴウと移動していた。誰かが「戦車の音だ。2台だ」と言った。星明りでもそ

ベトナム軍の装甲車

れがランソン市街の方向に向かっていると判った。高野記者の遺体搬出の決死隊だ、とまた誰かが言った。

私たちの進路は山の小道になった。ついに山越えし、迷路を脱出したのだ。灌木のトゲが合羽を引き裂き、顔も腕も傷だらけとなっていた。どれだけ歩いたのだろうか。足を引きずりながら下りの道をたどった。前方で懐中電灯の灯が点滅した。山腹の斜面にベトナム軍の手掘りの塹壕がうねうねと曲がりながら続いているのが暗がりを通して見えた。ここも最前線の一角なのだ。そこへ転がり込むようにして一息ついた。壕内で眠っていたらしいベトナム兵たちが目を覚ましてザワついた。急な侵入が敵襲だと思わせないように案内の兵が早口で事態を説明した。

兵の誰何に怪しげなベトナム語

ドゥンドゥンと響く砲撃の音や銃撃音はもう全く聞こえてこない。山のこちら側の斜面はだいぶ前に戦闘が一段落した現場のはずだった。小便と汗と土の匂いのする塹壕にしゃがんでしばらく休むと、なぜか急激に腹の具合が悪くなった。キュルキュルと絞られる感じがある。下痢のようだった。こんなところでとは思ったがやむを得ない。塹壕の縁から顔を出すと薄暗くはあるが、ものの判別はできる明るさになっていた。ひとりで塹壕を出て、50ｍほど先の草むらに落ちていた木の枝で穴を掘った。夜明け前だからか朝霧があたりをぼんやりと覆っている。ズボンを下ろし、穴の上にしゃがんだ。

その時、もやの向こうでうっすらと人影が動いた。だんだん近づいてくる様子だ。シルエットがくっきりと見え始めた時、その人物が小銃を構えているのに気が付いた。銃口が私に向けられている。

「アイ！　アイン　ラ　アイ！」（お前は誰か！）。近づいてきたベトナム兵が足を止めて私を誰何《すいか》している。これはまずい。タイン氏たちは50ｍも離れた塹壕の中にいるから私の声はもう届かない。黒光りする銃身の先端が眼前にまで来て私の顎をもちあげた。鳥肌が立った。私はとっさに、知っている限りのありったけのベトナム語で叫んだ。

「トイ　ラ　グイ　ニャット（私は日本人）、フォンビエン　ニエップアイン（写真記者）、コンファイ　グイ　チュンコック（中国人ではない）」

兵隊は銃を突きつけたまま私の変なベトナム語を聞いている。私は一連のフレーズをなんども繰り返した。妙なイントネーションのはずだから中国兵だと疑われはしないだろうか。私のしゃがんだままの格好も惨めだった。兵隊は私のポケットや胸、ズボンを探り始めた。軍服ではない私が何の武器も持っていないことを確かめると、なんとかかんとかとつぶやいて銃を下ろした。そして無防備に下半身をさらしている私をしばらく見ていたが、そのままもと来た方向に立ち去った。肝が縮むと同時に便意もすっかり消えてしまっていた。

ズボンのベルトを締めながら塹壕に戻ると、タイン氏が言った。

「ええっ、それは本当に危なかった。こんな場ですから中国兵と疑われても不思議はありません。巡察中の当番兵がどう判断したのか、甘く見逃してくれて助かりましたね。運が良かった」

戦場での極限の緊張と恐怖からは、味方同士の撃ち合いだって起こりかねないのだ。

明るくなってくると塹壕の近くに車が通れるほどの道路があるのが分かった。3月8日の朝である。分厚い雲の後ろで太陽がおぼろな白い円になっていた。ベトナム兵が動き始めていた。輜重兵《しちょうへい》だろうか、もう戦闘隊形ではなさそうだ。私も気が緩んだのだろう、徹夜の疲れがどっと押し寄せてきて、道路わきの砂利だらけの斜面であおむけに横たわった。眠りたいというのも生への願望なのであろう。意識が半ば朦朧とし始めた。

ウトウトしているとエンジンの響きが大きく聞こえ始めた。霞んでいる視界の端にジープの車列が山道を登ってくる。また戦闘が始まるのか。緊張が身体にはしった。上体を起こして目を凝らす。

なんということか、車に乗っているのは一日遅れでやってきた外国の特派員たちであった。何台かが続いている。近づいた先頭の車に乗っているのは私とほぼ同時にベトナムに入った朝日新聞の井川一久特派員ではないか。彼の第一声は「おう、どうしてそんなところに寝ているの?」だった。続く車には日本電波ニュース社ハノイ支局の吉永和夫特派員が乗っている。彼らはまだ何が起きたのかを知っていなかった。ランソン到着が1日遅れたために彼らは危険に遭遇しないで済んだのである。高野特派員が殺されてしまったという事態を説明するのがもどかしく、話すのに前後の脈絡も乱れた。要領を得ない、と何度も聞き返されるのがつらかった。悲しさがつのった。

東京との通話ができない

塹壕に戻ってしばらく経つと、連絡役のベトナム兵が駆けこんで来た。近くに部隊指揮所があるから、私にすぐ来てくれと言う。彼の後ろについて、現地司令部に早足で行った。司令部とは言え見たところは草ぶきの農家にすぎない。そこの黒色の軍用電話がハノイとつながっていた。英語を話す士官が向こう側にはいた。受話器に向かって私は、高野特派員が殺されたこと、遺体を運び出すためにすぐにヘリコプターを出してくれなどと大声で叫び続けた。接続の悪い電話線でしばしば途切れてしまう。それでもハノイ側は、ヘリの出動は無理、いま前線を飛べば撃墜されてしまう、銃撃にも耐えるよう装甲車を出して彼を決死的に運び出すから待つように、と電話の向こうの人物が答えた。

しばらくしてベトナム茶が板作りの卓上に出た。一気に飲み干した。そうこうしている間に今度は高野記者の上司であるハノイの赤旗支局長からの電話が入った。この人には銃撃事件の概要を間違いなく伝えなければならないと思い、私は自分のメモを、感情をおさえつつ棒読みした。宮本太郎赤旗支局長は事件に驚愕しつつも「あなたも大変でしたね、怪我はなかったですか?」と私をねぎらった。彼は終戦前には読売新聞九州総局長を務めたほどの大記者であった。

指揮所で横になりたかった。今度は東京からの電話だ、とまた受話器が回されてきた。当時はハノイからでも東京への電話連絡には苦労した時代である。一日待ってもつながらなかったり、つながっても声が聞こえなかったりした。東京からの電話はジャパンプレス本社かと思ったが、そうではなくＴＢＳ報道部からだった。すでに事件は東京でニュースとなっていた。「……という番組ですが、……てください」という話だけが、とぎれとぎれに聞こえる。こちらの返事も届いてはいないようで、向こうは何度も「ＴＢＳですが……」をくりかえす。戦時下である。軍用回線が機能するのはベトナム国内だけで、海外との通話は国際電報電話局経由となるから、いつものように接続がうまくいかないのであった。通話はあきらめるしかなかった。

遺体との対面

翌日、ランソン市内から中国軍は完全に逃げ出した、という情報が入った。私は張りつめた気持ちで、また市内に入ることにした。高野の遺体がまだ運び出されていないではないか。遠くからの砲撃はまだ続いていた。午後、砲撃の間隔が長くなった頃合いを見て軍のジープに便乗し、市内に突入した。また銃撃されるという危険も感じたが、何とか高野に会いたいと考えていた。

市内にはすでにベトナム軍の兵士たちが散開していた。「彼の遺体は先ほど軍の車に乗せられて市街を出ました」とひとりが言った。高野が殺された現場にあったはずの彼のジープは、ベトナム軍の手ですでに移動させられていて見当たらなかった。路上に散乱するフロントガラスの破片と、エンジンオイルの黒く漏れだした痕跡だけがその位置を示していた。ジープは銃撃されたのち、迫撃砲弾の直撃を受けている。あたりの路面には砲弾でえぐられた跡がいくつも残っていた。

高野たちを護衛していて左腕を撃たれた兵士ドゥオンの証言によると、中国兵たちは70ｍほど先にあった行政委員会庁舎の2階に3〜4人の一個分隊が隠れていて、ＡＫ小銃で一斉に狙撃したのだという。さらに300ｍ離れたキークン川の対岸に機関銃部隊を配置して連射させている。逃がさず殺すという周到な待ち伏せだったことがわかる。

一時期、遺体を隠したＶＮＡのジープは爆破され、ガソリンタンクに穴があいて、もはやスクラップであった。私たちはきびすを返して軍の救急車を追った。車はドンモの街に向かっている。ようやく追いついて後部の扉を開けさせた。高野記者は白布で丁重に包まれて寝台に横たわっていた。彼を覆っている白布を外すと、目をつむったままの端正な顔があった。丁寧に拭われたのか、血のりの跡はない。

両方の手を握りしめて「おい」と声をかけてみた。つい昨日まで言葉を交わしていた男なのに、青白い頬に触るともう冷たかった。私の全身が震えた。痛かっただろう。悔しいだろう。言いたいことが山ほどあるはずだ。でも彼の唇は開かない。傷も見えず、今にも話しかけてきそうな彼を見ていると、とどまることなく悲しさがわいてくる。

高野記者は、「いかなる嘘も不正義も許さない」という思いで赤旗記者になったはずである。彼は身を挺してそれを貫いた。取材しながらも「中国は大国であるのをいいことに、ベトナムに侵入するなんて許せないよな」とつぶやいていた。最前線での報道を張りきってこなしていたのも、そうした思いがあったからだ。

家族はまだこの理不尽な殺害を知らないかもしれない。沈黙のまま凍てついた影のように動かない彼。アノラックは身に着けたままだった。合掌し、白布で静かにまた顔を覆った。

泥まみれの一眼レフカメラ、アサヒペンタックスが横たわる彼の傍らに置かれていた。ファ

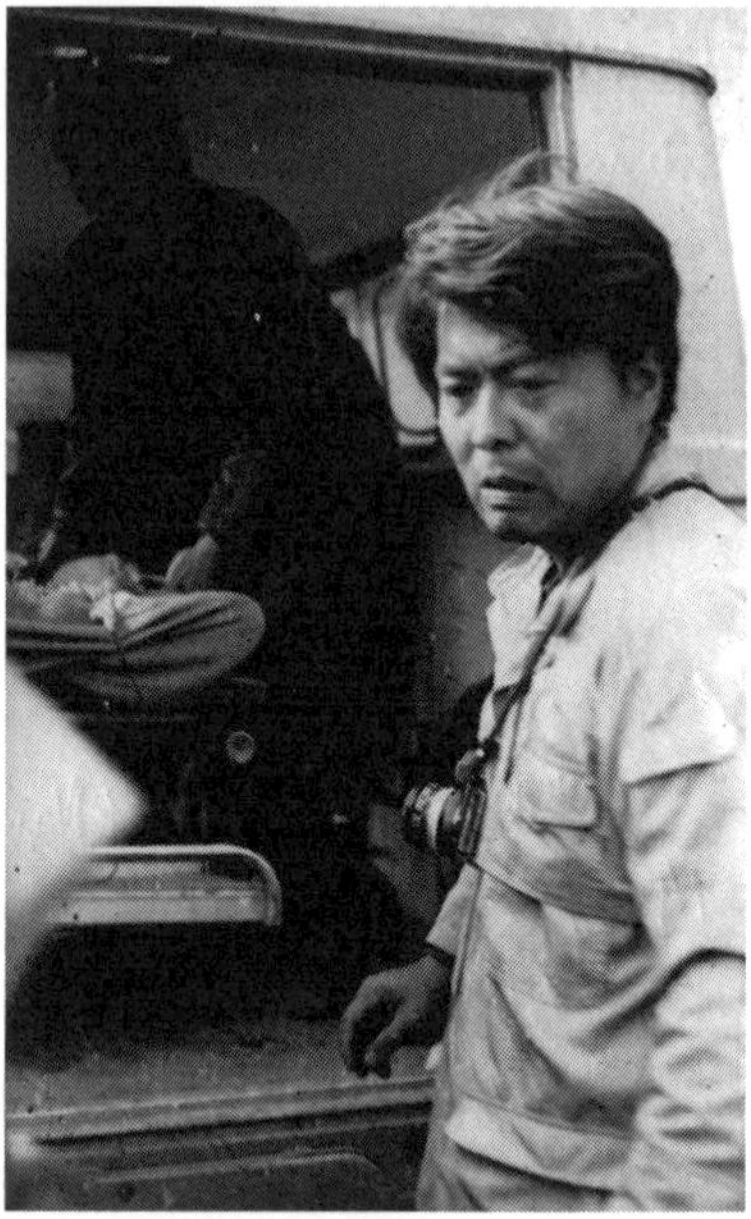

運ばれてきた高野の遺体と私

インダー越しに彼の網膜が捉えた最後の光景は何だったのだろうか。カメラを握ったまま彼は倒れたのだ。

救急車には医療関係者は乗っていない。高野の遺体と並ぶ形で、車内にはＶＮＡのトゥオク運転手も乗せられていた。重傷者としての応急手当は施されているのだが、トゥオクはすでに意識を失っていた。戦場で私のすぐ脇、車体の下にいながら、弾丸が腹部に入り臀部へと抜けた貫通銃創である。多量の出血で重篤状態なのではないか。顔色が黄ばみ、首筋は熱い。高熱による昏睡も始まっていた。

彼らの間に座って、私もハノイに戻ることになった。軍用の救急車両はバネが固い。悪路で揺れ、何度も跳ね上がる彼らを見ているのも辛いことだった。トゥオクの命も気がかりだった。銃弾が突き抜けてから丸一日を超えている。敗血症や壊疽《えそ》の危険も迫っている。彼には数時間の命しか残されていないのではないか。時間との勝負を祈るしかなかった。

夜おそくに車はようやくハノイに着いた。中越国境からは十分に遠い。街路灯の明るさや家々に灯火のあることがなぜかホッとさせる光景だった。これで2人ともきちんとした処置を受けることができる。犠牲者はストレッチャーに乗せられてベト・ソ病院に緊急搬送された。

私はハノイ中心部にある安宿、ザンチュウ・ホテルに戻った。これまでに何人もの宿泊者が寝てきて、人の形に窪んでしまっている藁布団。その冷たいベッドに倒れ込んだ。体は恐ろしいほどの疲れでふらふらなのだが、今日のできごとがよみがえってきて寝つくことができない。なぜ彼が殺され、私が生き残ったのか。彼の死は、他の誰よりも私が責めを負わなければならないのか。ベトナムから撤退したという中国の新華社電は罠だったのか。思いもよらぬ出来事がたて続けに起きて、結果、私だけが生き残っている。

思えばその日3月8日は別の意味を持った日であった。山形新聞社にいた妻・敬子と6年前の1973年に結婚した日である。高価な結婚指輪が買えなくて、戦争中にハノイで入手した「撃墜されたB-52から削り出された」というジュラルミン製の指輪を、結婚式場で指にはめてやったことなども思い出した。ベトナム戦争終結の年に生まれた4歳になる息子と妻が、今は浦和で待っている。もう知らせは届いているだろうか。高野功の家族にも事態は告げられたのだろうか。

ようやく深夜に眠りに落ちた。翌日の午後まで目は覚めなかった。

前線のベトナム軍部隊

うねうねと曲がる峡道が山頂へと続いている。そこをたどる途中でベトナム軍の歩兵部隊に出会うことがあった。行軍する兵たちはおおむね並んではいるが、ビシッと整列しているわけではない。それぞれがのんびり歩いているという雰囲気であった。兵たちの多くはバズーカ型の対戦車砲ＲＰＧ７やＢ40を担いだり、自動小銃のＡＫ47カラシニコフ（中国製）を肩にかけている。かつて米軍の歩兵が使っていたはずのＭ16ライフルらしいのを持っている者もいる。かと思えば、ギターを担いで鼻歌を歌っている若い兵士がいたりする。

気ままにというか、あまり軍規で縛っていないのであろう。旧日本軍のように新兵を戦わせるためにいじめたりビンタをくらわしたりなどという強制や脅迫がないのが、この国の軍隊の強さなのかもしれない。

ダークグリーンの軍隊色に塗られた軍用トラックが、軍帽をかぶった兵隊たちを荷台に満載して歩兵の列を追い抜いてゆく。カメラの私を見て数人の若い兵士が車上からニコニコと手を振る。迷彩を施した８輪の装甲車が、葉のついた木の枝やススキでハリネズミのように偽装したまま隊列の脇をゆっくりと通り過ぎる。タイヤのついた榴弾砲を牽引する軍用車もいる。前線はすぐ近くなのだということを実感させるエリアであった。

ギター片手のベトナム兵

ベトナム兵の戦い方

ランソンから山ひとつ手前の山道で、戦場から戻ってきたばかりのベトナム兵たちが泥だらけのまま休んでいた。新しい交代要員の若い兵隊たちも近くでたむろしている。服が汚れていないから戦場に行くのはこれからなのだろう。路上に座り込んでトランプに興じているグループもいた。出撃が怖くないのだろうかといぶかってしまう姿だった。

そのとき何か、いさかいらしい声が聞こえてきた。坊主頭の痩せた兵隊が上官に食って掛かっている。18、9歳であろうか、顔にまだあどけなさが残っている。「行けといったって、あの壕だと敵に近すぎて殺されちゃうよ。あそこには俺は行きたくない」と言っているのだ。

旧日本軍だったら上官の指示は天皇の命令だと絶対化していたから、殴られるどころか営倉にブチ込まれるほどのあり得ない反抗である。どの国の軍であっても命令の拒否や無視は厳罰に処されるのが常識だが、ベトナムの軍では互いの尊重や合意が隊内でも求められているのだろうか。たしかに、イヤイヤながらではなく納得して戦うのであれば兵は能動的に武器を取るだろうし、士気は維持される。ベトナム戦争中のアメリカ兵が「俺たちは何のために戦っているのか」と戦意を失っていったのと比べれば、ベトナム軍の強さが理解できるような気がする。指揮官である兵もまだ20代かと見える若さだった。2人はしばらく言い合っていたが、坊主頭の若い兵士がほっとした表情で上官の前を離れた。命令は撤回されたようだった。

道路わきには大量の木製弾薬箱が整然と積み上げられていた。これから最前線に運ばれて戦闘に使われるのであろう。一箱に1000発とか2000発の弾丸が入る。50kgを超える重量である。これを担いで山道を進むのも大変なはずだった。

土手の斜面に、前線帰りで疲れ切った様子の兵士が体を横たえていた。まだ銃やら弾倉やらを肩から斜めに掛けたまま、顔も服も泥だらけだ。タコつぼ（一人壕）のふちに普通は弾除けとなる土が積まれている。それが銃撃で吹き飛ばされて頭からかぶったのであろう。にじんだ汗の跡が顔面にまだら模様を描いていた。泥まみれの布靴をつけた両足が道路にだらしなく投げ出されている。文字通りクタクタなのだった。

その兵に中国軍との戦闘はどうだったかを尋ねてみた。

「俺たちは人数が少なかったんだよ。だから気を緩めるわけにはいかなかったけど、中国兵はまあ相手にしやすかったね。攻めてくるときには先頭の兵隊が赤い大きな軍旗を振りまわしているし、進軍ラッパをプープー鳴らしながら、ワーッと喚声をあげたり、〝突撃！〟なんて叫ぶから、近づいてくるのがすぐわかる。ハンドマイクも使って騒ぎながら来るんだよね。こちらは谷の斜面のあちこちに、見えにくいように掘ったタコつぼで待っていればいいわけさ。別々に分かれて照準を定めておけば、何千人もの大軍が押し寄せてきたとしても簡単にやっつけられるよ」「変だなと思ったのは人海戦術。中隊規模の100人ぐらいが一列横隊でやってくる。だから狙いやすい。それがなぎ倒されても第2波、第3波と同じ隊形で来るから、向こうはすぐに全滅するんだよ」「俺たちは正規軍でなくて民兵隊だから戦場での実戦経験は少ない。でも、塹壕でのんびりしていても、音を聞いてから戦闘態勢を取れば間に合う。あいつらが、どうしてあんな戦術でやるのか判らないね」「向こうか

迷彩服のベトナム軍特攻部隊の兵

らはこっちのタコつぼがほとんど見えないし、我々はひとかたまりに集まっていないから敵が撃ってきても誰にも当たらない」「でも俺たちの上官の命令は、なるべく殺すな。手や足を狙って動けなくせよ。ほかの兵隊が負傷兵を担いで退がることになるから敵は戦闘どころではなくなるはず、という話だったよ」

これなら少ない兵力であっても対抗できる。傷病兵だらけとなった軍隊はその後の治療や療養、手当と補償など社会全体の負担も重くのしかかる。賢い戦術だった。

民兵はさらに続けた。「だけれども怖いと思ったことがある。それは足か何かを撃たれて倒れている、まだ生きている中国兵たちの体の上を、中国の戦車がそのまま乗り上げてくるのを見た時だ。ゾーっとしたね」

ベトナムの民兵たちは自身の戦闘体験はあまり無いと言いながらも、こうした中国軍の振る舞いにあきれながら余裕をもって戦っていたわけである。

戦争を１００年体験してきたベトナム

ベトナムの軍隊と民衆は、アメリカ軍を相手に20年余り戦ってきただけではない。インドシナのフランス植民地軍は１８５７年、ナポレオン・ボナパルト3世の下で進駐を始めている。彼らとは20世紀半ばの１９５４年まで１００年間も戦っている。１９４０年以降は、中国から南下してベトナムを占領した日本軍（仏印進駐４万）と仏印に居座っていたフランス

民兵、地方軍兵士の混成部隊

軍（9万）の両者を相手に、ベトミン軍の抵抗が続いた。1945年の日本降伏の際、日本軍を武装解除してわずかながら武器を入手している。1954年以降は、露骨な介入を始めたアメリカとの21年に及ぶ戦争だ。そうした長年月の戦いの経験と知恵が親から子へ、さらに孫・ひ孫世代へと延々と受け継がれてきているのである。

ベトナムは中越戦争では大部隊を出動させなかった。空軍も戦車部隊もあるのに出さなかった。事が大きくなりすぎないように自制したとされる。何といっても中国とは地続きである。地面の位置は未来永劫変わらない。フランスやアメリカは地続きではないが、同じ陸地にある中国との衝突は、大昔を除けば初めてのことであった。大変な決意で臨まなければならないと同時に、配慮もしなければならなかったのだ。

避難民

部隊の進む方向とは逆に避難民たちが国道を黙々と南下する姿があった。山岳地帯と言っていい北辺の国境周辺にはメオ族やヌン族、トン族などベトナムの少数民族が数多く住んでいる。国境の向こう側の中国にも同族や親戚がいたりもする。国ざかいなど関係なく誰もが自由に行き来して辺境貿易が盛んだった地域だ。その平和な暮らしが突如、戦争だ！　となって家を捨て逃げなければならなくなったのだから、まさに青天の霹靂だったに違いない。

布団や衣類、鍋釜を家族のそれぞれが背負って歩く一家。家財であるタンスやゴザを山積みした荷車を引く老人がいる。軍用トラックにすし詰め状態で乗りこんでいる何家族かが、つい今しがた戦線から脱してきたという様子で、不安そうに周囲を見回している。まだ寒い季節である。耳垂れのついた子供の毛糸の帽子は多分中国製なのであろう。着ているセーターがまだら模様だったりするのも目立つ。着古しのセーターをほぐし、色違いの毛糸をつないで手で編んだものなのであろう。積んでいる琺瑯《ほうろう》びきの洗面器や花柄の魔法瓶は、明らかに中国製だった。

国境線などは無関係に人々の生活はあったのだ。どちらの国の通貨も使えた地域である。暮らしぶりの貧しさをあからさまに見せつつ、何百という避難民は震えながら故郷を後にしていた。

こうした人々の様相は2月の末に入ったカオバン地区の避難民と同じであった。道路を通っ

軍のトラックなどで逃げる避難民

て見つかれば殺されるとあって、人々はジャングルの中を逃げている。途中で見つかって殺されたグループもあったという。村に侵入してきた中国軍部隊は村人を殺すばかりでなく、民家を破壊し、家財道具も、収穫した作物も見つけしだいみんな持ち去るのだと避難民たちは口々に言った。戦場で鹵獲《ろかく》したものは兵の戦利品となる。戦闘ののち、大きな衣装タンスなどを背負ってよろよろと歩く中国兵らをなんども見たという。雲南省あたりで駆り集められた中国兵も、貧しい家の出身だったのであろう。戦利品の奪取はハーグ陸戦協定違反だが、そんなことを知る兵隊はいない。戦場で手にいれたもの、あるいは死体からもぎ取ったものは腕時計であれ指輪であれ金歯であれ、すべて自分のものなのだ。

かつて日本軍と戦っていた当時の中国軍は、

人民解放軍として住民からは針一本も取らないとか、必要なものは必ずお金を払って入手するとかのモラルの高さで有名だった。だが、それはもはや消え去っていた。中国軍の振る舞いは、日本軍が中国でやった「殺しつくし、焼き尽くし、奪いつくす」という三光作戦と同じ残酷さを見せていた。

トンチュップ村では女性と子供ばかり40～50人が全員、惨殺死体で見つかっている。首や手足を切られたり、井戸に投げ込まれたりしていたのだ。「クァンドイ・ニャンザン」3月28日の報道によれば、フンダオ村でも43人もの村人が切り殺され、遺体がバンティン渓谷に散乱していたのが見つかっている。

ハノイでの告別

3月13日、ベトナムのジャーナリスト協会らが主催した高野功記者の告別式が、ハノイ国際クラブでしめやかに行なわれた。高野夫人・美智子さんと一人娘の絵美ちゃんが参列していた。高野功の父君、松治さんも日本から到着している。

美智子夫人には何とお声がけしたらよいのか。私は彼女の前に立てない思いだった。面と向かって出てきた言葉は「すみませんでした」だけだった。「いえ、そんなこと、中村さんの責任ではありませんから」と彼女は言った。ジャンケンで負けて私の車が先に立っていたこと、それを追い抜いていった彼が私の身代わりのようにして殺されたこと、そうした詳細はそこではどうしても話し出せなかった。私が恨まれてしまうとの思いが心の奥に潜んでいたからだ。

一人娘の絵美ちゃんは目がくりくりとした可愛らしい子だった。翌年には小学校に入学する。母親の手にぶら下がりながら動き回る。「パパはどうしたの、みんないるのにどこへ行ったの」などと言っている。その言葉が不憫でならなかった。この子を泣かせまいとして私はお相手をした。手指を使った手品は彼女を大喜びさせた。のちに私はこの行動で後ろ指をさされることとなった。「遺族が悲しんでいるさなかに子どもを笑わせたりして……」と。

高野記者はまじめで誠実な男だった。何を頼んでも引き受けてくれたし、ユーモアたっぷりの会話も好きで、キャッツハッハとよく笑った。赤旗記者になる前の20代のころにベトナムの絵本『お母さんはおるす』(グエン・ティ作、1972年、新日本出版社)を翻訳もしている。南ベトナムの村に住む一家は両親が解放戦線の遊撃兵として戦っているためにいつも留守。それでも幼い5人の子供たちが助け合って生きる優しい物語である。いわさきちひろが挿絵を描き、絵本としては大ヒットの6000部が刊行されている。高野の翻訳力がいかに秀でていたかを示す仕事だった。

告別式にはファン・バンドン首相も参列し、深々と頭を下げて遺族を気遣った。国を挙げての哀悼の気持ちが伝わってきた。

中国軍が侵略を開始した当初から、高野記者は国境のラオカイ、カオバン、ランソンの最前

絵美ちゃんの手を取るファン・バンドン首相

線とカンボジアを息をもつかせず取材してきた。ジャーナリストとして中国軍に立ち向かう中で犠牲となった彼の姿は、巨大な中国と戦うベトナムの人々を奮い立たせるものとなったに違いない。死を賭しての報道をつらぬいた高野功記者の生涯は、新日本出版社の単行本『3月7日、ランソンにて』（1979年8月5日刊）にまとめられている。

同じ現場に行ったのに、彼が身代わりのように死んで私だけが生きている。ある種の自責の念のようなものが私に残った。振り払おうとしても悪夢は消えない。

すぐに日本に帰国してほしい、報告会が準備されるからランソンで何が起きたのかを話してほしい、という要求もあった。だが私はその気になれなかった。ご遺族がいる、子ども小さい。彼の死は私の身代わりだったのだ、紙一重の差だったのだ、などと大勢の前で伝えられるわけがない。記者会見もイヴェント参加もごめんだった。

トンニャットホテル

ハノイのトンニャットホテルは今では5つ星のメトロポールホテルとして海外の賓客を泊める超高級迎賓館と化している。2019年には米朝会談のためにやってきたアメリカのトランプ大統領もそこに来た。だが、1979年当時はまだボロボロの安宿であった。ベトナム戦争時のハノイ爆撃にかろうじて耐えた宿であり、地下には防空壕が掘られてあった。ロビー脇のトイレの隣に下に降りてゆく階段があった。戦時中にはアメリカの反戦活動家であり女優のジェーン・フォンダや人気歌手のジョーン・バエズも爆撃下のハノイに入り、防空壕に避難した人々の前で歌った。日本の反戦歌手・横井久美子も来ている。彼女らがここに泊まったことでもさらに有名にとなった。

ベトナム外務省は戦争中から、この古いホテルに各国のメディアが支局を置くように定めていた。ランソンの前線からハノイに戻った翌日、このホテルを私が訪れると各国の特派員たちに囲まれてしまった。すでに事件は彼らに伝わっている。ヨーロッパの記者たちは私を見つけると初対面なのにハーイなどと言ってハグしたり握手を求めたりした。腕や背中に触っていく者もいる。あなたは戦場で生き延びたのだからその幸運を分けてもらいたいのだ、という。

一方、日本の特派員たちに、そんなふうに振る舞う者はいなかった。ハグなどというのは日本の習慣に無いし、良かったね、とは言ってもそれ以上はない。口の悪いのは「あなたと同じ現場に行くのはためらっちゃうなあ、あなただけ生きて、こっちは死ぬかもしれないし」など と冗談まじりに言う者もいた。いずれの対応ももっともなことだと思いつつ、私にはそんな軽口は少なからずガツンと来るものであった。

高野特派員の部屋もここにあった。家族3人で暮らしていたこともある。初七日にあたる3月13日、遺骨を受け取るためにハノイに着いた遺族とともに私は彼の部屋に入った。ランソンに向かって出発した日のままの室内である。毎日のように記事原稿を書いていた机がある。何本ものボールペン、象牙のペーパーナイフも整然と並んでいる。その上に小さな額縁写真が飾ってあった。家族全員のカラー写真だった。それを見つけた5歳の絵美ちゃんが指さしながら言った。「どうしてここに絵美ちゃんがいるの？　どうして？」。絵美ちゃんはまだ父親が死んだことがわからない。奥さんの美智子さんは写真額を手にしたまま放心したように立ち尽くしていた。

高野記者の〝家族愛〟はハノイの記者団の中でも有名だった。「またおのろけかい！」としょっちゅう冷やかされ、からかわれるほどであった。でも彼は自分だけの感情にとらわれていたわけではない。ベトナムの人々が、戦時下でありながら家族をいつくしむ姿をまっすぐに見つづけていた。それを踏みにじる者への怒りをいつも露わにしていたのも、彼らしい心根の表れであった。

現場検証

私がハノイで過ごしている間、3月半ばには中国軍が完全に敗退して中越戦争は終わった。ランソンはすでに安全であった。現地で何が起きたのかをあらためて私自身が検証しなければならないと思った。

事件から10日経った3月17日、VNAのタイン記者らとともに再び国境地帯に向かった。現場で軍による戦況と結果の説明、捕虜の会見があるのだという。今度も各国の記者団と一緒だった。

ランソンはその日も曇り空だった。街に入ってまずは銃撃された現場に行ってみた。相変わらず壊滅状態の街中だったが、もう硝煙の匂いはしない。高野記者がやられた地点には意外なことに野の花の束が置かれていた。現場を通り過ぎるベトナム軍の兵士たちがあたりの野原から花を摘んできて置いたものだった。

路上に血の跡もかすかに赤黒く残っている。こんなところで生涯を終えて、さぞ無念だったろうと改めて胸が締め付けられる。

中国軍は行政委員会の建物の2階から小銃で狙撃するチームと、前方のキークン川対岸に並んだ機関銃部隊という2重の攻撃隊形で待ち伏せていた。車が近づくまで充分に引き付けてからの一斉射撃だったようだ。これでは狙われた側は逃れようがない。カメラを構えた高野記者のこめかみを貫いた小銃弾は頭蓋の内側をぐるぐると巡り、大脳を一瞬で破壊したことが後に判明している。

私はキークン川沿いに歩いてみた。長い塹壕が掘られていて、そこからはクアンチュン通りを走っていた高野のジープと、さらに２００ｍ先で私が乗っていたＶＮＡの車も一直線で見通せる。塹壕の縁には中国軍の機銃の薬莢が山のように散らばっていた。機銃弾は１０００ｍ以上も飛ぶ。この場所から一斉に銃撃されたのだ。拾いながらその量の多さに改めて慄然とする。それらを証拠の品としてポケットに入るだけ入れた。

カメラのファインダー越しにものを眺めると、事態が相対化されるということが起こる。かなり恐ろしい現場でも実際とは乖離したスクリーン上の画面のように光景が眼前に広がる。これは怖い、と直感した彼はすぐにカメラを構えてしまったのだろうか。今となっては何もわからない。

そこから２００ｍほど離れた地点にあったはずの街路樹を探した。私が身を隠した樹木だ。道路に沿って街路樹は何本も連なっている。中国軍はめくら撃ちだからどの街路樹にも弾の跡はあった。転がり込んだ煉瓦塀を私は覚えていた。そのわきの街路樹は鳳凰樹であろうか。銃弾が飛んでくる方向に回ってみるとやはり無数の弾痕が残っていた。これが私を助けてくれたのだという思いでごつごつした樹皮をやさしく撫でた。すぐわきの道路にトゥオクの血痕とエ

腕を撃ち抜かれた警護兵ドゥオン中尉を野戦病院に見舞った

ンジンオイルの流れた跡が残っていた。彼はハノイに帰ってから何とか命を取り留めたと聞いた。我々が乗っていたVNAのジープは、その後に迫撃砲弾の直撃で飛び散ってしまったということだった。

私を守ってくれた警護兵のドゥオン中尉はどうしたか。左腕の上膊部を撃ち抜かれて骨も砕けたはずである。聞くと現地の野戦病院で傷を治しているという。そこへも行ってみた。

「野戦病院」とは名ばかり、粗末な草ぶきの農家だった。看護の女性たちは兵隊服か寒さを防ぐセーター姿で、白衣などは着ていない。ベッドに横たわっているだろうという想像と違ってドゥオンは元気にその農家から飛び出してきた。三角巾で腕は吊っていたが弾丸は肉をつらぬいただけで幸い骨は砕かれていなかった。もう大丈夫だから戦場に戻るのだという。驚くべき回復力だった。彼の肩を抱いて再会を喜び合った。たくましく誠実な兵士なのだと改めて感じたものだった。

彼の自宅、茅ぶきの家にも彼といっしょに行ってみた。夫人と子どもがドアを開けて転がるように現れた。夫の無事と回復を、嬉しさいっぱいでありながら夫人は控えめな微笑みで表すだけだった。

中国軍の戦法、文化大革命とポルポト

当時の中国は鄧小平が最高指導者として支配していた。毛沢東が60年代半ばに引き起こした権力闘争・文化大革命では、劉少奇国家主席らが暴力によって打倒され、中国共産党総書記だった鄧小平も北京から下放された。だが毛沢東が76年9月に死亡すると、毛沢東夫人だった江青・帳春橋ら「四人組」が権勢をふるい始める。その横暴ぶりを見て文革批判が党内にまき起こる。それに乗じて鄧小平は１９７８年するりと復活した。同時に政府の全権を掌握した、したたかな政治家であった。

中越戦争を起こす際に鄧小平が発した言葉は「ベトナムに懲罰を与えてやる」であった。懲罰という言葉自体に、上から目線の覇権主義意識がにじんでいる。ベトナム軍は、ヘン・サムリンらの反乱軍（カンボジア救国戦線軍）と組んでカンボジアのポルポト政権を１９７９年１月に崩壊させていた。「懲罰」とは、中国と親しかったポルポト政権をベトナムが倒したこと

は許せない、と鄧小平が考えたことを示す。少しぐらい叩いても、アメリカとの長期の戦争でベトナムが反撃する余裕はないはずと踏んだのであろう。このタイミングで一気にやってしまおうというやり方であった。

1970年以降、カンボジアのポルポト政権は170万人に上るカンボジア市民を殺してしまうという恐怖政治を繰り広げていた。昔からカンボジアに住んでいたベトナム人も皆殺しの対象となった。ポルポトはさらに「メコンデルタはクメール朝以来カンボジアのものなのだ」と言って国境を越えて南ベトナムに侵入、村落の破壊と虐殺を始めた。75年にはカンボジアとの海上境界にあるフーコク島にまず侵攻、主なものでも、トーチャウ村では500人の村民を殺害。77年にはタイニン省に侵入して1000人以上の市民を殺した。

VNAによれば、3年半の間に6400回の侵犯があったという。1978年3月にはキエンザン省ハティエン地区にも侵入して住民を殺している。

ベトナムはこうした侵犯と殺人行為に対して反撃を開始する。その頃ポルポト軍内に、ヘン・サムリンやペン・ソバン、フンセンら反乱グループが生まれていた。彼らは反ポルポトのカンプチア救国戦線を結成、それと連携しながらのベトナム軍の戦闘開始であった。ポルポト軍は79年1月にはプノンペンから撤退、みるみる敗走を重ねてタイ国境にまで追い詰められてゆく。

ポルポトは毛沢東が指揮した文化大革命を権力支配の範としていた。劉少奇国家主席などを文化革命と称して打倒した権力闘争である。それに応えるかのようにカンボジアのポルポトを支持した中国は、その間に文化大革命推進派の汪東興（康生の秘書、党副主席）や周恩来夫人の鄧穎超をポルポト政権の顧問格としてカンボジアに送り込んでいた。プノンペンにいた教師や僧侶、医師や公務員など知識層を目の敵にして殺害し続けたのも、同様の階層にある人々を思想改造と称して農村に下放し、あげくは1千万人を殺してしまったという文化大革命をほうふつとさせる。住民の尊敬を集め、リーダーとなって反旗を翻しかねない階層の人々を根こそぎ消そうとしたのである（拙著『この目で見たカンボジア』大月書店、参照）。

中国によるポルポト派への支援も並々ならぬものだった。タイ駐在の読売特派員だった山田寛が著した『ポルポト〈革命〉史』（講談社選書メチエ）は、その実態を克明に示している。

79年4月、中国の駐カンボジア大使館で援助を担当し、ポルポト政権崩壊でタイに脱出した中国の外交官が、タイの新聞にぶちまけた。「中国は大量の援助をした。ジェット戦闘機6機、爆撃機2機、高速武装艇2隻、哨戒艇4隻、戦車16輌、装甲車300輌、大砲300門、弾薬300トン。軍事、農業など各分野で1万5000人の援助要員も派遣した。……だが効果が上がらなかった。例えば戦車、装甲車を操縦する兵員の訓練を実施するとなって、ポルポトが送ってきたのは13歳から16歳までの、字も読めない子どもたちだった。」……私の78年8月末のタプラヤでの難民取材で最も印象的だったのは、西部地

中国から届いた大砲群、プノンペン郊外で

域のどこでも……徴兵などは行われていない……という証言だった。ポルポト政権は毛沢東・中国と同様、ものを何も知らないこと、頭の中に旧来の知識や外国からの知識、腐った知識が入っていないことを重視した。大人はだめだ。旧ロンノル政府支配下にいた「新住民」などとても信用できない。銃など持たせられない。旧人民も役人にはしても徴兵したくない。信じられるのは青少年、とりわけ子供だけ。

文革派の幹部を工作者としてカンボジアに送り込んだのは、混乱収束後の東南アジアにおける中国の影響力を確保する戦略だったのであろう。その狙いがポルポト政権の崩壊と敗北で雲散霧消してしまったのだ。この状況を「許さぬ」と激怒した鄧小平は、「懲罰だ」と言って1979年2月

17日未明、中越国境を越える侵略に踏み込んだのである。

朝鮮戦争と同じ人海戦術

ベトナム戦争で敗退したアメリカは、中国がベトナムに侵攻することについて暗黙の了解を与えていた。中越戦争の直前、79年1月から2月にかけて鄧小平はワシントンと東京を訪れている。その後、侵略戦争が始まった時に出されたアメリカ政府の声明は、「中国はベトナムから撤退し、ベトナムはカンボジアから撤退すべきだ」と、中国のベトナム侵略を免罪し、喧嘩両成敗とするかのような内容となっていた。日本政府もこれを了承する態度をとった。鄧小平が即座に「もろ手を挙げて賛成する」とアメリカ政府の声明に賛同したのは言うまでもない。

アメリカが、この侵略戦争に「中立」を装ったことに対してベトナムは、「このような態度は、凶暴な強盗が隣家に押し入り、家に火を放っているのに、誰も手を出すなと呼び掛けているのと何ら変わりがない。……アメリカの『中立』という態度や『自己抑制』という呼びかけは、実は中国侵略軍に対する貴重な援助であり、それに手を差し伸べることに他ならなかった」（古田元夫著『ベトナムから見た中国』1979年、日中出版）と評した。

だが、いかんせん中国は日本軍と戦った古い日中戦争以降、近代戦争の経験がなかった。第二次世界大戦後の体験としてあるのは1950年の朝鮮戦争が唯一だ。中国は朝鮮に義勇軍を送り込み、倒されても殺されても押し寄せる〝人海戦術〟で米軍を圧倒した。その戦術をベトナム国境でも展開する。

総指揮は鄧小平直属の部下であった許世友・広州軍区指令が担った。最前線での指揮官は朝鮮戦争の人海戦術で戦果を挙げた楊得志・解放軍総参謀長・武漢軍区指令だったから、突撃ラッパを先頭に次々に進軍するというやり方でまた勝てると思ったに違いない。

ベトナムは中国・雲南省と広西チワン族自治区との間に、総延長８５０kmの国境で接している。中越戦争は、中国が60万人の兵を集結させたうえ、２月に10万の兵を26か所で越境させたことで始まっている。


ベトナム側の司令官はアメリカとも戦ってきたダム・クアン・チュン少将であった。

ランソンでの戦争の実態は、狭い谷あいをひしめきながら進む中国の大軍を、斜面に点在するタコつぼで待つ少人数のベトナム兵が迎え撃つという形となった。山道には落とし穴さえ作られた。金属探知機や人の足音まで聞き分けるソナーなど様々な電子機器を駆使して行動したアメリカ軍部隊よりも、ベトナム軍にとってはずっと容易な相手だった。

中国が一個師団の兵と戦車40台を投入してランソンを攻撃したのは２月27日であった。だがベトナム軍の反撃で戦況は不利、それ以上の脅しは効かないと見た中国は３月５日の占領直後からランソン撤退を行なった。その過程で７日に起きたのが、我々への待ち伏せ攻撃・一斉射撃なのであった。

中国は戦端を開いて以降、北京駐在の日本特派員たちに情報をリークするような形で「深入りはしない」「撤退を考えている」などとくり返してきた。そのうえで特派員らによる戦場の取材は許さないできた。当時の日本のメディアは、ベトナムに支局を置いていないこともあって、中国からの情報だけで中越戦争を報じていた。その内容を否定する現地からの報道は、世界的に見ても赤旗だけであった。

高野記者の殺害後、虚報を流した中国

しかしランソンで中国軍は、現場を取材していた赤旗記者を狙い撃ちで殺害した。これが報道されるのはまずいと考えた中国当局は「中国軍がやったものではない」とばかりに様々な偽情報を流しはじめた。日本経済新聞3月14日の北京特派員電は次のような紙面だった。「信頼すべき中国関係筋」は「7日には中国部隊はすでにランソンを引き上げていた」と言っており、また「ベトナム軍は中国軍を長距離砲で追撃し、中国軍も砲撃で応じていたので、こうした戦況の中で死亡したのだと思う」「小火器で狙い撃ちできる状況になかった」などと述べたと伝えている。冗談ではない。我々が7日に銃撃にさらされたのは紛れもない事実だったし、狙われた高野特派員の右こめかみから頭骨内に入った直径8㎜、長さ2㎝の銃弾は、小火器である中国製AKの小銃弾そのものであることが解剖所検で確認されている。これは北京の「信頼すべき中国関係筋」が責めから逃れようとして流した、あまりにも露骨なデマだ。高野記者狙撃

事件が世界じゅうに広まったことで黙っているわけにもいかなくなり、新たなフェイク情報を流したのだ。日経だけではない。日本の大手新聞社は総じて北京情報を優先していた。ベトナムの新聞や通信がどれだけ被害実態を報じても、無視するか数行の記事にしかしなかった。

すでに高野記者の死をめぐって、「何でそんなところに行ったのだ」という声も日本ではあがっていた。その一方で大手メディアは、当時から戦場に取材者を送り込むのを避けるようになっていた。そのあげく何の保障もないフリーランスや小メディアの取材に頼る傾向が生まれた。

戦争・侵略などという許されざる事態が起きた時、現地からの報道は極めて重要となる。何が、なぜ、どのように起きているのかを誰もが知ることでこそ、正しい判断が可能となる。プロパガンダに乗ってしまうのでなく、実際の姿を捉えることにこそ意味がある。ベトナム戦争ではアメリカのメディアが戦場の実相をストレートに伝えたことで、米国内の反戦運動が高揚している。戦場においてはリアルな取材こそなされなければならない。「何でメディアはそこに行かないのか」という考え方であるべきなのだ。

捕虜となった中国兵

戦争が終わって残されたものに、中国軍の捕虜たちがいた。ベトナム側は彼らの姿をランソンで内外の記者団に公開した。中国兵だったとはいえ、それぞれが松葉杖をついたり三角巾で腕を吊ったりして手足を怪我している若者が多い。シャッター音がバシャバシャと続く中でどの捕虜もやはり怯えを隠せない。視線が定まらず、こちらが話しかけても常に左右を窺がって、うわの空の様子だった。

日本語での質問はベトナム語になりさらに中国語・西双版納《シーサンパンナ》の雲南方言となったりした。驚いたのは、どの捕虜に聞いても彼らが「どこで戦っていたのか知らない」ことだった。ベトナムに侵入するとはつゆ知らず、命令に従ってきたのがこの戦場だったと話す。中国・雲南の国境地帯には壮《チワン》族・傣《タイ》族をはじめ多くの少数民族が住む。家のつくりも民族もベトナムとほとんど変わらない。他国に行くという実感がないまま駆り出された彼ら「侵略軍」の実態は、ここでは貧しい少数民族の集合体なのであった。ひとたび戦争が起きれば動員されるのは末端の人間である。

戦場が、何の敵意も感じないお隣のベトナムだったとは、思いもよらなかったことであろう。ランソンで捕らえられた捕虜らとは別に、全域で数百人に達したとされる捕虜たちは、雲南や広州にとどまらず東北や北部、四川、山東、河南と広範囲にわたっている。

中国の一人っ子政策は1979年に始まるが、人口抑制策はすでに1962年から始まっていた。それが動員兵たちの戦意の足を引っ張った。貴重な後継ぎが兵隊にとられて戦死でもしたら、家の未来が失われる。「死ぬんじゃないぞ、必ず帰ってこい」と親に言われて戦場に立たされても、どう生きのびられるかが念頭から消えない。士気どころか、自分だけどうやって

捕虜となった中国兵（記者会見で）

戦線から抜け出すかが関心事となる。捕虜という状況もあっただろうが、中国軍内で聞かされた「戦争目的」が何だったかを話せるものは、だれひとりいなかった。ベトナムが社会主義国であったということさえも知らない。世界中から集まった記者団の前で「告白せよ」と言われても、何をどう言えばよいのか戸惑うばかりだったに違いない。記者会見などということが何を意味するのかも知らないし、「どんな刑罰が待っているのだろうか」という思いが湧いて、それにおびえていたのかもしれない。

社会主義国が兄弟国に侵入するという前代未聞の戦争は、大国と小国という背景もあって、中国の指導者らのメンツと前時代的な国土拡張欲によってのみ起こされていたのであろう。それは社会主義の理念とは無縁であった。

戦死者

中越戦争では中国軍の死傷者6万名に対し、ベトナム側は1万名弱だったとベトナムは発表した。中国側は「対越自衛反撃戦総括」でベトナム軍の死傷者5万2千、中国軍の死傷者は2万人余りとしている。

〝兵は使い捨て〟とか〝兵は将棋の駒〟といった表現が日本にはある。最前線に投入されて標的となり、死んでゆく兵卒たちの宿命を表した言い方である。戦前の日本には〝～一銭五厘で集められ～〟という替え歌があった。赤紙召集令状は町内会長などが配っており、これは二十歳になった時の徴兵検査への呼び出し状や戦死通知（切手代が一銭五厘）のことだ。戦地というのは、万歳、万歳で送り出されるような「英雄たち」の世界ではない。行く先はあくまで死地なのである。

兵隊とは戦歴があろうが無かろうが、士気が高いか低いかに関係なく前線に送られる。敵の姿を見れば殺さなければならない。さもなければ自分が殺されてしまう。軍事演習や教練は人間を殺める能力を研ぎ澄ましてゆくステップである。その積み上げでプロの殺人者集団が作り上げられる。そうした者同士が殺しあう場が戦場なのである。勇者でも何でもない。

私がランソンで銃撃を受けてから、山を越えて戦場を脱出するという長い経過の中で、こうした殺すことだけが任務の中国兵たちに出会わなかったのは、なんと幸運だったことか。捕虜たちの告白を聞きながら改めてそう感じたものだった。

もう一つ幸いだったのが、国境周辺の山道に撤退前に中国軍が埋めた対人地雷に引っかからなかったことだ。道路の真ん中に埋めるとは限らない、多くは左右の草むらに埋めてある。5メートルも幅のある道路の、真ん中の1メートルだけが通れる場所なのだった。ベトナム軍は注意深く、土をかぶせた痕を見つけ出してその脇にドクロの絵を書いた警告の立て札を立てていた。その標識が何枚も続いている場所もあった。

地雷に触れれば手足が吹っ飛び、即死となる。隣を歩く人間が踏んでも同じように死ぬか重傷だ。1954年にフランス植民地軍に従軍していた戦場写真家のロバート・キャパが北ベトナム東部のタイビン省で死んだのも、土手に埋まっていた地雷を踏んだからであった。

中越戦争3年後の1982年、中国とベトナムは双方の捕虜の交換を行った。ドンダンで行うということだったので私は急遽現地に飛んだ。ランソン省内ではあったが、つらい記憶が残るランソンの街には立ち寄らなかった。このころには私はジャパンプレスをやめてフリーランスとなっていた。

この時の記録は読売新聞3月9日付け夕刊で紙面全段を使った写真ルポとして掲載した。

中国・ベトナム捕虜交換＝国境の山岳地帯を見る＝、地雷原の中、幅1㍍の安全圏

79年春の中国・ベトナム戦争から3年。国境はまだ小競り合いが絶えない。話し合いも、

80年3月に次官級会談が立ち消えとなったままだ。そうした状況の下で、わずかに双方をつないでいるのが捕虜交換。1月15日、交換の現地ランソン省にいってみた。交換地点は、ベトナム側ドンダンと中国側友誼関の間の境界線上。ドンダンから4㎞の山道を徒歩で行くが、約1ｍの幅で道路に示された安全圏の両側は地雷原。国境の山には中国軍のトーチカが築かれ、兵士の動きが見えた。ベトナム領の400高地を含む、周辺7つの高地が中国軍に占領されたままだと、ベトナム側は主張する。ランソン省軍事委員会によると、81年中の中国側からの侵入、砲撃は、1062件に達した。民家112戸が壊され、死者13、負傷者21人。一方、中国側からも同じように、ベトナム兵侵入の報道がある。捕虜交換はそんな両者が向かい合うというのに、意外に緊迫感がなかった。兵士が国境のゼロ・キロメートル地点をはさんで並び、代表が釈放者名簿を取り交わす。読み上げる非難文書も互いに聞き流すだけだ。この日、ベトナムからは中国兵11人、中国からはベトナム兵7人、漁民4人が釈放された。以前だと釈放と同時に着衣まで投げ捨てたりした。そんなことをする者も減り、「正月のみやげに」と渡された砂糖やたばこを抱えたまま、それぞれ自国領へ。捕虜はほとんど国境地域の出身である。両国とも陰暦で祝う正月（テト）に合わせて、昨年末ベトナム側が提案した停戦、その後の会談再開の呼びかけは、中国側から〝宣伝だ〟と一蹴された。国境の山々には、テトの花——桃のつぼみがほころび始めていたが、平和な正月は、今年もやってこなかったようだ。（写真・文　中村梧郎・報道写真家）

中国・ベトナム捕虜交換

国境の山岳地帯を見る

地雷原の中、幅一メートルの安全圏

読売新聞 1982.3.9 夕刊に掲載された写真ルポ

古くさい戦いかた

　中越戦争の中、ランソンやドンダン、ラオカイの戦線では、中国軍の部隊間連絡は無線もあっただろうがメガホンを使っていたという。あるいは伝令が走り、手旗信号も駆使していた。武器弾薬や食料の補給は人力で国境の高地にまで担ぎ上げるやり方だった。抗日戦争当時の戦法である。

　さらに中国軍の中で混乱を引き起こしたのは、文化大革命の過激な平等主義思想の導入によって軍内部の階級を廃止していたことにあった。そうなると指揮命令系統が不明となる。隊長が殺られると次に誰が指揮するのか混乱する。こうした不合理な「階級否定の組織形態」と古い戦闘様式が、みじめな敗退を喫することにつながった。この中越戦争の失敗を契機として、中国人民解放軍は急遽、軍内の階級制を呼び戻し、兵器と装備、兵站を近代化する今日の路線へと大きく舵を切った。

中越戦争の後、1984年春から夏にかけても北部での国境紛争は続いた。しかし消耗を余儀なくされる国境紛争を、中国もいつまでも続けたくはない。いくつかの高地を占領奪取した後、2000年12月にはベトナムとの間で国境線画定条約が締結されている。

高野記者

高野功記者は1943年に神戸で生まれている。元々はアンリツ（安立）電気KKの社員であった。その職場で共産党に入ったのだと、あるとき彼は言った。22歳で退職したのち、ベトナム戦争中の1967年から71年にかけ、志願して共産党に推薦された4人の学生とともにハノイ総合大学でベトナム語を学んでいる。北爆のさ中だったから、ハノイから50㎞離れたハタイ省の村に疎開しての寝起きだった。ハノイから遠いとはいえ空襲が時々はあった。そんなときは地面を1ｍほど掘っただけの地下壕にみんなで身を隠した。勉強は「ランプに魚油を入れながら、その光を頼りにして続けたんだよ」と彼は懐かしさを込めて話すことがあった。当時は日本語＝ベトナム語辞書などは全くない。皆でベトナム語の単語を一つずつ書き出しては教授らに英語にしてもらって、手製の語彙辞典を増やしていったのだという。

彼は僅か4年でこの未知の言語を習得してしまった。蘭学事始めに匹敵する世界である。並大抵の努力とは思えない。

１９７３年から3年間は日本共産党のハノイ代表部に勤務し、「ベトナム人？」と言われるほどベトナム語の達人となった。ハノイ駐在赤旗特派員となったのは事件1年前の１９７８年のこと。留学以来の10年間のうち、日本にいたのは2年だけだった。

高野功記者・生前最後の肖像

その直後から赤旗ハノイ支局で新聞記者として駆けずり回る日々が始まった。送稿した中越戦争に関わる記事は、赤旗紙の一面を連日のように飾った。彼は決して危険な取材や大スクープを望んでいたわけではない。常に冷静で慎重な判断力が身についている記者であった。

「赤旗の常駐記者としては、記事だけでなく写真も撮らなくてはいけないんだよ。うまいのがいつも撮れればいいんだけど。

コツなんてある?」と、彼は私が首から下げているカメラを見て笑いながらつぶやいたことがあった。

「ううん、コツというのはとくに無いね、良いと思う写真を真似するつもりで、いっぱい撮ることぐらいかな」と私はあいまいな答えしかできなかった。

ジャーナリストは本来、現場に接することで出来事をより正しく把握できる。電話一本での聞き書き取材だったり、目撃・確認や裏付けのない報道だったりでは取材そのものが信頼性に欠けてしまう。その点で写真撮影は必ず現場に行かなければならないから、記者が撮影者を兼ねるというのは望ましい形ではある。でも、これは撮らなくてはと思って撮る写真は、単なる資料写真になりがちである。しかし、良い写真というのは、強い表現力があって迫真性やインパクトを感じさせるものである。記憶にもしっかり残る。それをどうすれば撮れるのかとなると、長く訓練を重ねて表現力を向上させてゆく以外にはない。簡単に見えて難しさもあるのだ。

高野記者の強みは写真というより、現場での克明なメモに基づく記事のリアリティと、かみ砕かれた文章のやさしさにあった。

頭骨に入った小銃弾

彼の体の解剖検査・検視結果がその後公開された。

「頭蓋骨は損傷、亀裂が右こめかみより後頭部を周囲、頭頂にいたり、さらに前頭部中央を経て、見後こめかみ部分へとほぼ一周する。……特に脳梁付近に、長さ2㎝、直径8㎜（内部は鉛、外部は銅）の銃弾一発が残留……高野の死亡は、銃弾による頭部損壊に起因するものである」〈ベト・ソ病院院長ファム・ティ・チュオン〉

1979年3月20日、赤旗と日本共産党は青山斎場で盛大な党葬を行なった。彼の決死的報道と死。その英雄的精神がたたえられた。不破哲三・共産党書記局長が無念をかみしめる弔辞を読んだ。任務を果たす中で不測の死を背負わされた人間に対する崇敬の念の表明でもあった。NHKの海外向けニュースがそれを報じた。

高野記者が身に着けていた遺品

そのとき私はまだベトナムにいて、聞き取りにくいラジオで聞いた。アナウンサーのコメントを聞きながら、即死する100万分の1秒ほどの瞬間に、彼は苦痛さえも感じなかったのではないか、そうであれば少しは救われるか、と考えたりした。

美智子さんは「いつまでも泣いてばかりはいられないと思いつつ、いつまでたっても涙は止まらないのです……」と正直な胸の内を言葉にしている。

高野功の父親、松治さんは次のような手記を残した。

「功、功、大声で泣きたい。心行くまで泣き叫びたい。……あどけない絵美を見るたびにお前を思い出す。あまりにも若く、35年の短い生涯を閉じるなんて。さぞ心残りだっただろう。……平和の戦士である記者、明らかな非戦闘員を狙撃し、殺害して、何ら恥じない中国・北京の指導者にたいし、腹が立って腹が立って、その憤りのやり場がない。功よ、お前の日ごろの願いであった戦争のない世界、働く者の平和で楽しい世の中を、私ら残った者で、断じてやりとげるから安らかに眠ってくれ……」

腹の底からの悔しさと怒りがそこにほとばしっている。この叫びは、私の感情ともぴったりと重なるものだった。

カンボジア取材へ

高野記者の急死からひと月ほど経っても、私の心には重くすっきりとしない無念さがまとわりついていた。彼の非業の死の姿を脳裏に深く刻んだまま日本に帰ったらどうなるか。テレビや新聞からの質問攻めにあうに違いないが、いったい何をどう答えればよいのか。そして、高野の一人娘、幼い絵美ちゃんを残された高野夫人はどう育ててゆけばよいのか。自分はその状況に対していったい何ができるというのか。

すぐに帰りたいと思う気持ちがある一方で、いま帰ることに対してはどうなのか、という戸惑いが続いた。そして、今は日本に帰らずに、高野記者がひと月ほど前に敢行したまま未完となっているカンボジア取材の可能性を私も探ろうと思った。それが彼への供養にもなるのではないか。

多少危険とは言え、もう入国はできるに違いない。そのためにはジャパンプレス本社とVNAと両方の許可を急いで取る必要があった。すでに1月にはポルポト軍はプノンペンから追い出されている。タイとの国境方面に撤退したポルポト軍はかなり弱体化している。現地の戦闘状況を探ると、安全な領域に限って何とか入れそうだということが判った。準備を始めた。

カンボジアに入ってしまうと、現地からは電話もなければ電報も打てない。連絡の手段は全くなくなってしまう。ハノイにいる間に、日本の自宅宛てに「これからカンボジアに行く」というだけの国際電報を打った。ベトナムはまだ戦時下であった。検閲もあるから電文に日本文字の使用は許されない。ローマ字でつづった短文だったが、当時の通信事情ではこの電報も何日後に日本に届くのかはわからなかった。

帰国と税関の奇怪

日本に帰国したのは、カンボジアから戻って後の6月のことである。ハノイから日本に行く空路はまだ不十分で、まずは国際監視委員会の便に乗りラオスのビエンチャンに出てタイ航空に乗り換え、バンコクに飛んでそこから成田に向かうという、乗り換えばかりのルートをたどるしかなかった。1978年に開港して1年ほどしかたっていない成田空港に着くと、私はたちまち税関職員に取り囲まれた。空港警察もいる。トランクの中身が床に全部ひろげられて入念なチェックが始まった。何を捜しだそうというのか、未現像の撮影フィルムのパトローネまで開こうとしている。それはやめさせた。

しばらくして空の薬莢と銃弾の入った袋を見つけた彼らは、勝ち誇ったように「これは没収する」と叫んだ。冗談ではない。それは高野の銃撃・殺害現場で採集した証拠品なのだ。国際的に問題が生じたときに提示しなければならない物証なのだ。そう淡々と説明して取り返そうとした。ところが「これらを所持するのは銃刀法違反である」と言い始めた。とんでもない言いがかりだ。使い終えてゆがんだ薬莢や潰れた銃弾が銃器であるはずがない。ねばるしかなかった。すると相手は、「これを銃弾や薬莢として使うことはしません」という誓約書を書けば少しだけ持ち出してもいい、と言う。使えるはずがないことは彼らもよく知っているのに、と思いながら私は書面を速やかにしたためた。

高野記者が殺されたというニュースはすでに彼らも知っていた。警察官を含む大人数で私の持ち物を調べたのは、その証拠となるものを取り上げてしまえば良い、と考えたとしか思えない。中国への外交上の配慮があったのだろうか。

親不孝者

　私は半年のあいだ家をあけてしまっていた。無事の帰国は家族がさぞ喜んでくれるだろうと考えながら、乗り込んだバスの窓外を流れる東京の街を眺めていた。

　浦和の自宅の玄関に着いてドアを開けようとしたが鍵がかかっている。どんどんと叩いてみたが反応がない。空港から電話したのだから到着するのは知っているはずだ。買い物にでも出たのかと思って玄関先に座った。

　何十分か経って、試しにもう一度ドアを叩いてみた。家の中で人が動いたようだった。「帰ったよ!」と叫ぶと返事があった。「帰ってこなくていい!」。「何?!」と思って、もう一度ただいまと言った。相手は無言のままだった。しばらくして「勝手なことばかりするのだったら、死ぬまで外国にいればいい」と妻がつぶやいているのが聞こえた。この様子だと多分激怒しているのだ。こうなれば平謝りに謝るしかない。ドア越しに私は大声で謝罪を繰り返した。隣近所は何事かと驚いたに違いない。

　30分ほど経って、ようやく扉があいた。それでも妻は「お帰り」でもなく涙目で「帰ってこなくていい」と繰り返している。私はただ、ごめん、ごめんと繰り返すしかなかった。

　私が海外に出て不在のあいだ、彼女はしばしば山形・尾花沢の実家で過ごすことがあった。3月初めにみんなで実家のテレビを見ていると、緊急ニュースのテロップが出た。高野記者が銃撃され死亡し、近くにいた中村は無事だったというものであった。

妻の祖母が気を失ってその場に倒れた。駆けつけてくれた医者の手当てで間もなく蘇生したが、あまりにも大きな衝撃だったのだ。両親はそれ以上に驚きを抑えきれなかった。妻の口から事態の説明ができるはずもない。みんなに胸が潰れる思いをさせていたのだ。

何か月か後、私も妻の実家に行き、ご心配をおかけしましたと平身低頭、謝罪を繰り返した。両親の目をまともに見ることさえできなかった。「まあ、ほがいなところから無事にけえったのだからな、まあ、えがった」と言われるまでに時間がかかった。

もともと「娘さんを私に下さい」と数年前に実家に行って初めてご両親に願いでた時も、大変ではあった。私は自己紹介には窮した。「〝写真家〟とはどういうものか、月給はいくらか、写真館を持っているのか」などの問いがあり、いずれも胸を張って答えられる中身は持ち合わせていなかった。そのうえで余計な心配をかける出来事となってしまったのだ。

何年か後、信州・岡谷で暮らしていた私の実の両親も相次いで他界してしまった。終戦とともに北京からかろうじて引き揚げ、無一文の状態から私を含む4人の子供を育て上げた苦労続きの親たちであった。やはり〝親不孝者〟のそしりを、私は甘んじて受けるしかない。

慰霊、1年目の墓参

あくる1980年の一周忌。高野功の故郷・宮城県川崎町の一角に大きな自然石に文字を彫り込んだ墓碑ができた。全国からのカンパがあったのだという。碑にはこう記されていた。

高野功墓碑、宮城県川崎町。後方に美智子夫人の姿がある

「高野功ここに眠る」。野坂参三（当時の日本共産党委員長、1992年除名、93年他界）の揮毫であった。巨石はどっしりと置かれている。蔵王の山ふところに抱かれた姿で、巨石はどっしりと置かれている。その脇の大きく削られた石の平面に高野の最後のメモが彫刻で再現されていた。

「……車が見えるとすぐに砲弾が飛んできます。ランソン市2km手前に橋があります。これこそが現在の中国側の狙いです。前の車が通るとすぐにふせて砲弾を避けなければなりません。一連の砲弾が炸裂します。コトンとそばに落ちてきた砲弾の破片はまだ熱く、白っぽい帽子をかぶってはだめとぬいでいただけに、頭の上に落ちずに助かったとまずは強運に一安心」

ベトナムから家族が持ち帰った彼の遺骨はここに埋められている。龍雲寺の僧侶が付けた戒名は「功雲院文龍道貫居士」であった。文で戦い道を貫いた男という意味である。彼はペンを剣に代えて戦い、35歳の生涯を閉じたのだ。

私はこの墓前祭に駆けつけて手を合わせた。宮城・蔵王のふもとにある川崎町の彼の実家では、夜の会食が準備されていた。父親の松治さん、母親のはつみさんの姿もあった。宮城の地酒がふるまわれた。彼の思い出が参会者の口からじんわりと出て、供養にふさわしい集いとなった。

高野功の実兄である高野達男氏は、三菱樹脂での不当解雇を憲法上の人権問題だとして闘って和解と復職を果たした闘士であり、秀才であった。13年間の争議は彼の髪を真っ白に変えていたが、こうした席でも温和でやさしい人柄がにじみ出ていた。復職後には三菱樹脂の子会社であるヒシテックの社長にまで推挙され就任している。達男氏（２００5年に他界）も弟の功氏も、まさに筋を通して生きたのだ。ご両親は神戸で戦災に遭い、戦後この蔵王山麓に開拓に入って火山灰土を耕し、血のにじむような苦労を経て子供らを見事に育てあげた。達男氏が「まあ、一杯」と言って大きな徳利を握ってにじり寄ってきたときには、申し訳なさや嬉しさのような感覚がない混ざって、盃を差し出す私の手が震えた。

宴もたけなわとなったころ、高野功の友人たちが私に挨拶したいと言って次々にやって来た。私のほうから出向かなければならないと思うのに、誰がだれなのかもわからない。ひとしきりそれが続いた後、一人が膝で畳をこするようにして近づいてきた。

「飲んでっか、ホレ。功さのことはたまげだねァ。……功さが死んでおめえが生き残ったんだかやぁ。ほんだらば、あいつの分まで立派に生きなきゃなんねえなあ……。おめえ、やれっか」

……。抗議に近いニュアンスを感じた。返す言葉がない。そう言う彼には多分悪気はない。正直な感情が口からでたのであろう。でも胃のヒダが縮んだ。私はあらためて落ち込んだ。彼の分まで立派に……などできはしない。自分は平然と怠惰な毎日を過ごしている。それが責められている。ぐずぐずと生きているのが恥ずかしいという感覚が、またどっと重くなった。

若くして夫を奪われた美智子夫人は、女手一つで絵美ちゃんを育て上げた。その後、夫の実家のあった川崎町に移り住んでいる。病も克服して今も元気に暮らしている。とはいえ、口には出せないさまざまな苦労が続いたことと思う。

40年ぶりの供養

その後の三回忌、一三回忌、三三回忌には、高野記者を偲ぶグループや赤旗の記者らがランソンの現地訪問を行なったりした。一緒に行こうと誘われもしたが、私はそのつど断った。みんなで現場を見て精進落としの酒を飲んで帰ってくる……私はどうしても行く気になれなかった。今、自分が生きているということ自体が、何かそぐわないことなのかもしれない。現場での年忌供養を何もしないまま、40年の歳月が過ぎた。

２０１９年になろうというとき、高野を知る後藤勝彦さん（沖縄ベトナム友好協会理事）から、富士国際旅行社の太田社長をつうじて声がかかった。『３月７日ランソンにて』に載ったあなたの手記を沖縄大学非常勤講師のベトナム人教官ニエンさんが翻訳し、感激したので一緒に現地に行かないかと言っています」。考えてみると２０１９年は彼の殉死40周年となる。仏事としての回忌法要は三三回忌で切り上げられている。事件の後40年もの間、私はベトナムとの往き来をくりかえしてベトナム戦争後の後遺症、枯葉剤問題などの取材をしてきたものの、現場での高野記者へのお参りを果たしてこなかった。そのことが突如、気がかりとなった。

２０１９年には私も79歳である。50周年なら89歳である。そこまで生きているかどうかはほとんど疑わしい。私は現地を再訪しようと決心した。彼に代わって立派に生きることができなかったにしても、慰霊だけはしてあげたい。当時ベトナムで活動していたジャーナリストの北川俊文氏や水産指導をしていた鈴木春夫氏も「参加する」こととなった。ハノイからは残留日本兵研究の小松みゆき氏が加わる。急遽、準備が整えられた。

私の手記をベトナム語に翻訳したニエンさんが「中村さんがベトナムに来ると知って、ホーチミン総合大学が特別シンポジウムを開くと言ってきました。ハノイ大学も同様です。両方で講演をしてください」との連絡も入った。

２０１９年３月３日、宮城や沖縄、東京の知人たち16名とともに私はベトナムに入った。

生きていた警護のベトナム兵

ランソンには高野の命日の前夜、2019年3月6日に到着した。

道路沿いに小旗がはためいていた。小さなのぼりには「平和のベトナムへ、歓迎・金正恩・トランプ両主席」という文字があった。2月末の米朝会談のために、飛行機嫌いの金正恩がピョンヤンから中国経由の特別列車で4000km も離れたランソンのドンダン駅に到着している。そこから黒のベンツに乗り換えてハノイに向かう沿道に、延々と米・朝・ベトナム三国の国旗が飾られていたのだった。米朝会談はハノイのソフィテル・レジェンド・メトロポールで行われた。

今やそのホテルはフランス資本が支える超高級5つ星ホテルであり、値が高すぎて我々には泊まることさえおぼつかない。だが戦時中はトンニャット(統一)ホテルというぼろ宿で、他の施設よりはましだったから、各国のメディアが定宿としていたところだ。ランソンでの銃撃があった40年前もまだトンニャットの古い名のままだった。ベトナム戦争直後には、2階の一室に高野功夫妻と赤ん坊の家族3人が暮らしていた。米朝会談は決裂したが、そのホテルにはかつて高野の部屋があったのだから、ランソンで見た歓迎のぼりや小旗にも何かしらの因縁があったのかもしれない。

瓦礫だらけだったランソン市街はすっかり復興していた。モルタル2階建てや4、5階建てのビルが街路に沿ってひしめいている。市場も商店街も買い物客でにぎわっていた。すでに中

再建されたランソンの街（2019年撮）

国との国境交易は完全に復活していた。１９８６年から始まったドイモイ政策（市場経済の導入）が30年あまりの間に効果を上げ、人々の懐具合も良くなっている様子だった。

ランソンのムオンタン・ホテルは想像以上に立派なホテルであった。貿易に携わる中国人も泊まればハノイからの役人も泊まる。そこに着くと、やや狭いロビーに何人かのベトナム人が座っていた。中の一人が軍の防寒帽をかぶり軍服を着ている。顔を見て驚愕した。高野記者のジープに居て、左腕を撃たれながら私を安全地帯まで案内してくれた若い兵士ドゥオンではないか。もう若くはない。顔は黒く陽に焼けて皺もよっている。でも明らかに面影があった。

「ドゥオンさん？」と声をかけた。彼は立ち上がって、そうだと答えた。彼は私の顔を見つめたが、よく覚えていないようであった。無理もない、当時は彼も20代の若者だったのに今は60代になっているのだ。あの時を思い出しながら話をつづけるうちに、彼も記憶がよみがえったようだった。私たちはロビーで抱き合った。腕の傷は完全に治ったとも言った。ところでなぜ私が来ることを知ったのかと尋ねると、「迎えてほしいと役所から連絡があった」と言う。大げさすぎる話だと感じたが、ランソン省という地方自治体にとっては、高野功が犠牲となったあのできごとは未だに大事件なのだ。40年を機に弔問団が来訪するという話は、地元紙ですでに記事にもなっていた。

事件の後、腕の傷を治したドゥオンは、その後も一貫して軍人の道を歩み、なんと少佐に昇進して退役していた。胸には数々の勲章がぶら下がっていた。60度もあるベトナム焼酎のルアモイを同時に飲み干す乾杯となった。彼も生きていたのだ。

翌朝は彼とともに銃撃された現場に行ってみた。市街地にはもう瓦礫は見あたらず、すっかり復興整備されていた。熱帯の樹木は成長が早い。私が身を隠した街路樹は直径1mほどの大樹になったらしく、伐採されてしまっていた。大きな切り株だけがあった。巨木になりすぎると台風などの暴風で倒れやすく、危険だから伐るのだという。道路は拡張され、周辺にも新しいコンクリートの建物群が連なっていた。戦争中の我々の避難壕であった洞窟寺院は、今は観光施設となって、お参りする人々でにぎわっていた。

ドゥオン少佐

殉職の地に慰霊碑

高野記者の殉職地点の路上には40年前の事件当初は花が置かれ、車がその〃聖域〃を踏まないように三角

（上）1979 年に私が身を隠した街路樹。弾痕が残る
（下）2019 年、切り株だけとなっていた

錐が置かれていたのだが、もう目印になるものは何もなかった。道路は整備され幅広い歩道ができていた。犠牲となったポイントと入れ代わるように、近くの丘に華やかな高野功慰霊碑が新たに建てられていた。

現場に立ったドゥオン少佐は、事件を思い起こしながらゆっくりと話し出した。右手の建物の2階に一個分隊ほどの中国兵がいて小銃で連射してきたこと、正面の川向うには大勢の機関銃部隊がならんでいて一斉に撃ってきたことなどを今起きたかのように語った。銃撃が始まった時、彼は車の脇の地面に両肘をついて銃を構え応戦した。2階から撃ってくる3～4人の中国兵を狙った。射撃の最中にふと後ろをふりかえると、高野記者がすでに撃たれたらしく頭から血を流してジープの後ろで倒れていた。即死だと感じた。その直後、今度はドゥオンの左上腕に激痛が走った。自分も撃たれたことが判った。指が効かないだけでなく銃を支えることができない。このままでは殺られると思い、立ち上がって後ろへ回った。高野の頭から血とともに脳漿が出ているのを見た。

中国兵の銃撃は続いていた。彼らの銃弾に追われながら、体をひるがえして安全な瓦礫の中に身を投じた。さらに弾に追われながら瓦礫を乗り越えて後方の私のところへ向かった。もう1人の日本人記者がVNAの車にいたはずである。それもやられたのではないか。VNAの記者たちが道路わきの瓦礫に身を隠していた。「中村はまだ無傷だ」と彼らはドゥオンに伝えた。そうであるならこの男だけは守りきらなければ、とドゥオンは思った。彼は中国軍部隊が捨てていった手りゅう弾2個を洞窟から出るときに持ってきていた。それを使える側の手で投げて市街地に残る中国兵と戦おう、爆発すれば撃退できる、不発ならそれまでだという決死の思いだった。そして中村とともに瓦礫の町に走り出た。

ドゥオン少佐を主賓としたムオンタン・ホテルでの夜の会食では、戦争当時現場で取材して洞窟から出てゆく我々の姿を撮影した現地ランソン紙の記者バー・ウェン・エン氏と、ランソン市のリーダーだったホアン・クン・クオン氏にも会えた。みんなが80代とお年を召してしまっていた。うれしかったのは、こうして誰もが無事であったこと、奇跡的に再会できたことであった。ニコニコしながら私に近づいてきたドゥオン少佐が、少佐の階級章のついたダークグリーンの防寒帽を頭から外して私にかぶせた。再会できた記念に差し上げるのだと言った。勲章のついた帽子は、軍人にとって最も大切なものであるはずなのに。

ランソンの高野功慰霊碑。茶色の御影石がペン先のように天に向けられている

尺八の音色

3月7日の命日。小高い丘の上に建立されている高野功鎮魂の碑に参拝した。磨き上げられた大理石の幅広い階段を20段ほど上がると、赤茶色の文様が浮き出た御影石が3ｍほどの高さで立っている。三角形の慰霊碑だ。記者であった高野を象徴するペンをかたどった碑なのであった。そこにはすでにたくさんの花束が置かれていた。後藤勝彦さんも春を招くという黄色のユリの花を静かに献花した。ユリと菊とピンクの蓮の花が、細長いベトナム線香から立ち上る煙にゆらゆらと包み込まれた。

碑にかかわるがわるお参りしている盛装の女性たちがいた。「ランソン市の婦人会の者です」と言った。40年経っても高野の死は地元にとって忘れがたい記憶なのであった。私は日本から持ってきたサッポロビールの缶3本とつまみの柿の種、たばこのセブンスターを供物台に供えた。40年前、日本のビールやたばこは輸入物の外国人向け免税店でしか入手できない貴重な品であった。そのビールを取材の合間にいっしょに飲んだ記憶がよみがえってきた。

同行した琴古流尺八の名手、橘梁盟さんが自身の作曲による「尺八による葬送曲」を献奏した。そのメロディーが悲しくランソンの曇り空に響きわたった。音色は高野記者の無念のため息か泣き声のようでもあった。私は静かに合掌し、ほんのわずかだが肩の荷が下りたようにも感じた。この慰霊訪問を取材に来ていた共同通信ハノイ支局長の桜井幸彦記者の記事と写真が日本のいくつかの地方紙に掲載されたことは、帰国したのちに知った。

高野功の碑の前で葬送曲を吹く橘梁盟さん

翌日、ドゥオン少佐がお土産を抱えて持ってきた。山で獲れたというたくさんの八角（スターアニス）であった。八角は中華料理などで使う香り高い調味料のひとつ、カレー粉にも使われる。一粒は直径2～3㎝、豆の入った暗褐色のさやが八方に拡がって星形に見える。これが今では高額で取引される商品となっていた。インフルエンザの特効薬とされるタミフルの原料となることでスイスのロシュ製薬が大量に買い占め、価格が高騰したのだ。ランソンの人々はこれで少しだけ潤った。何万円もする貴重な八角を二袋もよこしたのである。一つは中村、もう一つ日本にいる高野記者の奥様にと。彼の精一杯の優しい心配りであった。

ランソンは、仏印進駐を図る日本軍（第22軍）が1940年夏に中国から南下して制圧した最初の町である。ドンダンの仏軍要塞も明号作戦で奪取している。後になってフランス軍が日本軍からランソンを奪還し、この地で活躍していたベトナム青年独立義勇兵団を皆殺しにしたという、痛苦の歴史も背負ってきた。その後もアメリカの侵略戦争に苦しみ、中国の侵略軍とも対峙するという、幾重もの戦禍に耐えてきた土地である。

人々の優しさは、辛かった歴史の分だけ深いものとなっているようだった。

大学での講演、若者たちの反応

南のホーチミン総合大学で用意された講演会場は、階段席が人で埋め尽くされていた。40年前の中国との間の悲劇を客観的に評価して伝えることができるのは外国人である中村だ、ということで招かれたのかもしれない。私は当時撮影できた写真を存分に使ってパワーポイントで報告した。まだ生まれていなかったであろう若い学生たちが、驚きの表情を見せながら聞き入っていたのが印象的だった。HPDF（ホーチミン市平和と発展のための基金）など枯葉剤の犠牲者を救済する市民運動のメンバーも大勢参加していた。

講演ではベトナム軍の主力ではない民兵軍団が果敢に戦った実態を話した。それに加えて、中国による侵略は許しがたいのだが、それだけでなく、中国軍に動員された若い中国兵たちもどこで誰と戦っているのかさえ知らずに戦場に放り込まれたという点で、哀れな運命を背負わされていた犠牲者なのだという見解を組み込んだ。これには会場からの反応がなかった。「敵」への配慮ととられたのか、今でも徴兵制度下にあって若者が最前線での武装防衛を義務づけられているベトナムでは「共感しにくい」考え方なのかもしれない。独立系新聞トイチェの記者による講演後の私へのインタビューもあったが、記事として使われたかどうかは知らない。

ベトナムの徴兵制は18歳以降2年間の兵役である。戦争が絶えることの無かった国だから若者たちはこれを当然のこととして受け入れている。兵役期間中にはカンボジアとの国境や中越国境、南シナ海で銃を構えなければならない。

興味深いデータがある。各国の社会状況を比較する国際プロジェクトによる「世界価値観調査」というものがあり、日本では電通や各大学がこれに関わってきた。２０２２年の調査で「戦争になったら進んで我が国のために戦うか?」という問いに対して、日本では「はい」と答える人が13・2%と少なく、NOと答えたのが48・7%、回答した者の半数が国のために戦わないとの意思表示をしたのである。「わからない」と答えたのも38・1%と4割近くだった。この国際調査で1位となったのはベトナム。96・4%が「国のために戦う」と答えている。日本は最下位の77位であった。さすがに平和憲法を持つ日本である。

運転手トゥオクも生きていた

首都ハノイの西地区にある国立ハノイ大学での講演会場には、なんと当時、私の脇で腹から尻にかけての貫通銃創を負ったVNAの運転手トゥオクが来ていた。予期せぬ再会である。ここでも男同士、抱き合うことになった。あの彼が70歳になっていた。生死の境をさまよっていたはずなのに、軍の病院が最善の治療を施して、後遺症もなく運よく回復したという。その後に結婚して生まれた息子がもう30歳になってニコニコと彼の脇に立っていた。VNAの車輌部にいたトゥオクは生還・復帰後に〝勇気があった〟と職場で称えられ、出世してダオ・トンV

NA社長専属の運転手に抜擢されたという。

さらに感動的だったのは、VNAの国際部で日本語が上手だったタイン記者にも会えたことだ。銃撃現場での彼の適切な判断と指示が私を救ったと言える。命の恩人と言っても過言ではない。彼はその後、VNAの日本特派員として共同通信との記者交換で東京に駐在してもいる。退職後の今は大学で日本語や中国語を教えているという。時間に追われて短い立ち話しかできなかったのがほんとうに残念であったが、彼はマルチな才能の持ち主だったということを改めて知らされた。

生還した運転手、ホアン・ティエン・トゥオク

講演の合間に詩人のアイン・ゴク氏が詩をせつせつと朗読した。「エミの詩」という作品で、父親である高野記者を奪われてしまった幼いエミ（絵美）に思いをはせた詩であった。ベトナム語の六声の抑揚が優しくリリックに響き渡る。学生たちによる高野を偲ぶ歌のコーラスもあった。これは40年前の事件直後にカオ・ベト・バクが作詞作曲したものだった。「〜自由を愛する鳥のように　春の村にあなたは誠を求めてやってきました　タカノイサオ〜」。学生たちによる合唱は、まるで教会音楽のようにしめやかにその場に響きわたった。
２０２３年になって沖縄・名桜大学講師のニエンさんがこうした講演などをまとめてベトナム語による『高野功・勇敢のあかし』（Nha bao Nhat Ban TAKANO ISAO

Nhan chung qua Cam）を刊行した。日本語の参考文献も同時に出た。ベトナムの人々でさえ、40年前の中越戦争でこんなことが起きていたのか、と驚くものだったという。

第2章　ベトナム侵略戦争

ベトナム戦争終結から50年ほどの月日が過ぎた。当時、最前線で取材していたジャーナリストで鬼籍に入ってしまった人は多い。ウクライナへの侵略がロシアによって行われた今、証言ができるうちに、この二つの侵略・大虐殺がどこでどう共通しているのかを徹底検証しておかなければならない。

戦争は時とともに人々の記憶からは消えてゆく。だが、第二次世界大戦後、最大最長の大量虐殺であったベトナム戦争を、歴史から消してしまってはいけない。

砲撃で穴だらけとなった家に住む老女
(南北境界クアンチで、1974)

フランスの植民地、日本軍の侵略

アメリカの侵略が始まったのはフランス軍が撤退した1954年と見るべきである。当時ベトナム・ラオス・カンボジアのインドシナ3国（仏領インドシナ＝仏印）を植民地としていたのはフランスであった。19世紀のナポレオン・ボナパルト3世時代以来、

1940年、北部ベトナムを侵略した日本軍自転車隊

１００年にわたる支配である。１９４０年、そこに割り込んでいったのが日本軍である。この年の6月にナチス・ドイツがパリを占領したためフランス政府が無力化し、独支配下のヴィシー政権が作られた。ドイツとの間には37年の日独伊防共協定があり、ドイツからの情報を好機と見て、中国にいた日本軍が仏印に南下した。本国からの指揮連絡が混乱していたフランス軍は、ランソンの要塞を日本軍の明号作戦によって奪われ、数百人のフランス兵が捕虜となった。仏植民地軍はそれ以上の衝突を回避するべく日本軍を受け入れた。ベトナムの民衆は日本・フランス両軍の支配下で呻吟することになる。

ホーチミンらはこの状況のもとで１９４１年にベトミン（ベトナム独立同盟会）軍を結成して抗戦を開始する。１９４５年8月のポツダム宣言受諾で日本は降伏、仏印の日本軍は武装解除された。ベトミン主導で日仏両軍を無力化した8月革命の成功であった。

日本の重光葵外務大臣が米ミズーリ号艦上で降伏文書に署名した9月2日、ホーチミンはハノイでベトナム民主共和国の独立を宣言する。その内容は格調が高い。アメリカの独立宣言やフランス革命の人権宣言を引用して、すべての人間に自由と平等があり、生きる権利、幸福を追求する権利を持っていると謳う。宣言はまた「我々はフランスからではなく、日本から独立を勝ち取った」と明記している。それと同時に、1944年から45年にかけてベトナムの農民200万人を餓死させた日本軍の責任にも触れている。

日本軍は穀倉地帯であったトンキンデルタのタイビン省を中心に、収穫したコメの供出を強制し、紙幣代わりだとして軍票を渡しただけであった。それが無価値だったのは言うまでもない。痩せさらばえた農民たちは100kmあまりの道のりを徒歩でハノイを目指し、力尽きて路上で死んでいる。その遺骸を埋めた大きな塚がハノイ市内の寺院にいまも残っている。

フランス軍基地を爆破占領したベトミン軍

フランス軍がディエンビエンフーでベトミン軍に敗れる

一方ナチス・ドイツの降伏によって復活したフランスは、仏印進駐の軍隊を強化して再度の植民地支配を図る。第一次インドシナ戦争の開始である。7万人のベトミン軍はこれと果敢に戦い、1954年にディエンビエンフーの戦闘でフランス軍2万の兵を撃破してしまう。周囲の山に大砲を運び上げての一斉砲撃は仏軍滑走路をでこぼこにした。さらに山頂から低地にあるフランス軍司令部まで密かに地下トンネルを掘り進み、直下に大量の爆薬を置いて吹き飛ばしたのであった。

ベトミン軍に降伏して捕虜となったフランス兵は1万6000人に達した。長い仏印進駐の間に、フランス軍の戦死者は7万5867人を数えることとなった。

侵略を開始したアメリカ

ニクソン米副大統領の暗躍

アメリカの介入はそれ以前から露骨に始まっていた。「1950年、トルーマン大統領は（フランス軍に）1000億ドルの財政援助をおこなった」（リチャード・ニクソン著『ノー・モア・ヴェトナム』講談社、1986年）「本格的にインドシナ戦争に介入することになる。そして、1954年にはアメリカはインドシナでのフランスの戦費の78％を賄うまでに至った」（古田元夫著

（上）仏空軍基地から部隊をディエンビエンフーに輸送する米軍機
（下）1953年10月、ベトナムの仏軍ドンザオ基地を訪れたニクソン副大統領（VNA=JPS）

『歴史としてのベトナム戦争』大月書店、1991年）のであった。アメリカはフランスに対して武器弾薬と戦費を供給するだけではない。空軍輸送機を使ってフランス軍部隊をベトナムに反復輸送もしていたのだ。

1953年にアイゼンハワー政権で副大統領となったニクソンは、10月にはベトナムに入る。そこでは「(ディエンビエンフーで) フランスが撤退すればアメリカが肩代わりをする」と、ベトナム侵略の意思を隠そうともしていなかった。さらにニクソンはディエンビエンフーでベトミンが潜む山地に原爆を投下するようアイゼンハワー大統領に申し出て、拒まれている（前出『ノー・モア・ヴェトナム』）。

そして、現地仏軍の全面降伏によってフランスの植民地支配は終焉を遂げた。

サイゴン政権樹立。米国大使がゴジンジェムを大統領と認証（戦争証跡博物館）

ベトナム分断と傀儡政権のでっち上げ

アメリカは第二次世界大戦の戦勝5か国、米・英・仏・ソ・中をジュネーブに集め、インドシナ問題を収拾するための会議を開催する。結論は「ベトナムを南北に分断する」「南にいるベトミンの兵士は北に行くこと」であった。2年後には南北の統一選挙でベトナムの大統領を選ぶことも約束された。だがこの約束は踏みにじられる。選挙をすればホーチミンが選ばれてしまうことが明らかだったからだ。
その間にアメリカは、パリにいたバオダイ（ベトナム王室の末裔）を説得し、サイゴンに連れ帰って「南ベトナム共和国政府」の設立を宣言させている。その頃は「正確には南ベトナムに政府と言えるものはなく、単に無秩序と混乱のみが存在していた」（前出『ノー・モア・ヴェトナム』）。アメリカが作り上げたのは文字通りの傀儡政府であった。
一国の内部に反対勢力を誕生させ、その政府を守るという名目で介入を図るのは侵略する側の常套手段である。アメリカの軍事介入は、まずは民間人の服装をした軍事顧問団３００人をアイゼンハワーが派遣（１９５５年）することで始まっている。そして〝南ベトナム政府軍〟を作りあげてゆく。だがアメリカ側とそりが合わなかったバオダイはパリに帰ってしまう。そこでアメリカはゴジンジェムを大統領に任命して政権の維持をはかった。「１９６０年までにアイゼンハワー大統領は南ベトナムに６８５人の非戦闘顧問団を駐留させるとともに南ベトナム政府に20億ドルの援助を行った。……ケネディ大統領は我々のコミットメントを最初にエスカレートさせた。……アメリカの軍事要員を1万６０００人以上に増員しただけでなく戦闘参加も認めたのであった。」（『ノー・モア・ヴェトナム』）
ベトナム戦争に関する日本の文献の中には、「北の政府と南の政府そしてアメリカという三つ巴の戦争であった」などというとんでもない説明があったりする。アメリカは、当時そういう虚構を宣伝したかったのだろうが、実態は１９４５年に独立したベトナム民主共和国に対してアメリカが侵略・軍事攻撃を行なったということだ。しかし独立国を侵略するのは国際法上不法となるので、南に傀儡政権を作り上げて「国内に二つの政府がある」とカモフラージュしたのである。実態はあくまで、侵略したアメリカとそれに抵抗するベトナム民主共和国という二者の戦いであった。

ベトナムは仏教徒が国民の9割を占めていたが、ゴジンジエムは自身がカソリックの信者であったことから、仏教徒の徹底弾圧に手を染めることとなった。1963年6月、サイゴンの路上で僧侶ティック・クワン・ドク師が焼身自殺をしたのはジエム政権に対する「身体を焼いて」の抗議であった。その年の11月、アメリカとも対立していたゴジンジエムは、CIAと連携した南ベトナム軍内部の「クーデターによって」、という形で殺害されている。アメリカはジエムを使い捨てとしたのだ。

小倉貞男の『ヴェトナム戦争』（岩波書店）によれば、「ゴジンジェム時代の弾圧はすさまじく、80万人が投獄された。うち9万人が殺され、19万人が身体障害者になった」と記されている。

「トラの檻」に政治犯監禁

投獄された人々はどこに連れていかれたか。監獄は各地に置かれていたが、重大な政治犯とされた人間が監禁されたのはコンソン島のトラの檻であった。サイゴンの南西220㎞にある小さな島は、丸ごと監獄となっていた。脱獄しようにも周囲は海で逃げられない。ベトナムのアウシュビッツと呼ばれたその島には、フランス支配時代から反政府分子が送り込まれ、拷問と虐殺が繰り広げられていた。〝生きては帰れない〟と言われた牢獄で、サイゴン政権時代には常時1万人ほどが囚われていた。

2015年3月、すでに空路も開設されていて、保存されているその監獄に私は踏み入ることができた。白砂青松の島の中にレンガ造りの「檻」が続いていた。獄舎は、陽の差さないコンクリートの土間が1・5m×2・7mの大きさに仕切られ、天井部分に鉄の柵が張られている。囚人たちはその一コマに3～4人ずつ足枷をはめられて閉じ込められた。狭い空間では横たわることもできない。糞尿はその場に垂れ流しである。腐った飯は天井の鉄棒の間から投げおとされるため、それを拾い集めて食べるしかない。誰もがやせ細り、互いに話をすることも禁じられていた。天井からはしばしば懲罰と称して石灰紛がバラまかれた。強アルカリの石灰は水分と反応して高温となる。人体の火傷がじわじわと進む。まさに生き地獄である。作家でジャーナリストであったグエン・アンニンやレ・フォン・ホン・インドシナ共産党書記が獄死している。仏軍兵士20数人と戦ったゲリラの少女ヴォー・ティ・サウもここで処刑されている。

戦後、ベトナムを復興させた政治指導者たち、ファン・バンドン首相やレ・ドクト政治局員（パリ会談でキッシンジャーと渡りあった）も、若いころこの監獄に収容されていたことがあった。だが不幸中の幸い、1935年パリに人民戦線政府が樹立されると、仏印の植民地で幽閉されていた政治犯たちが一斉に釈放されたのだ。わずか2年間という短命の革命政府であったが植民地にまで目を注ぎ、政治犯を監禁しているのは不当だと判断したのは見事であった。解放された政治犯らは療養の上、その後に再び抵抗戦争に身を投じた。

1975年のサイゴン陥落とともに「トラの檻」も解放され、政治囚たちは晴れて自由の身となった。彼らがベトナムの戦後再建に全力で献身したのは言うまでもない。

（上）コンソン島に再現されているトラの檻
（下）解放とともに檻から救出された女子大生レ・ティ・キム・ティク

ケネディ暗殺、トンキン湾事件と北爆

1963年6月にティク・クワン・ドク師が焼身自殺した姿を見て、ケネディ大統領は「このような抗議がなされるようでは、我々は勝てないのではないか」とつぶやいたという。

ケネディは10月には「2年ですべてをベトナムから撤退させる」と決断している（NHK映像の世紀ベトナム戦争「マクナマラの誤謬」）。そして翌11月にはダラスで何者かからの銃撃を受け、暗殺されている。撤退は言語道断と色めき立ったアメリカの軍産複合体が、慌てふためいたのかもしれない。

体にガソリンをかけて抗議の焼身自殺をしたクヮン・ドク師（戦争証跡博物館）

ケネディ亡きあと大統領となったジョンソンは、「撤退は白紙」とした。翌1964年にトンキン湾事件が起きた。

64年8月、北ベトナム・トンキン湾の公海上で、北ベトナム海軍の哨戒艇が米駆逐艦に対して2回にわたって魚雷で攻撃したとされるのが「トンキン湾事件」である。これを口実にアメリカは北ベトナム全域に対する無差別爆撃を開始し、南に陸上部隊を大規模に侵攻させはじめた。戦争の公然たるエスカレーションである。

だが1971年になって、このトンキン湾事件がほとんどでっち上げだったことが明らかとなった。ニューヨークタイムスが米政府の秘密報告書「ペンタゴン・ペーパーズ」を暴露したからである。コピーを持ち出したのは正義感にあふれた国防省の研究員エルズバーグ博士であった。

1回目の攻撃は公海上でなく北ベトナムの領海内に入ったことで起きている。2回目の攻撃は「無かった」のだった。

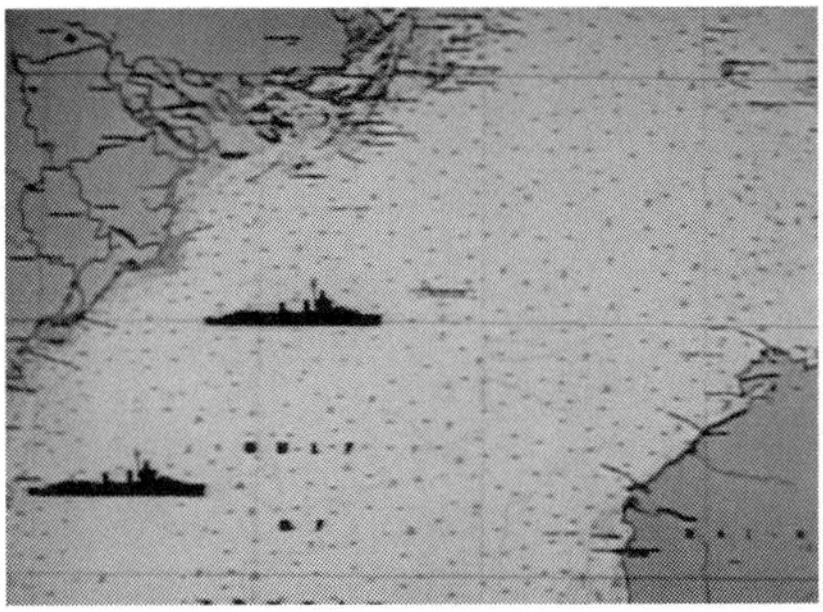

米軍部発表の、北の海軍に襲撃された米駆逐艦の位置図（戦争証跡博物館）

ケネディ、ジョンソン大統領時代の国防長官としてベトナム戦争を指揮したロバート・S・マクナマラは1995年に『マクナマラ回顧録』を刊行、トンキン湾事件にも触れつつベトナム戦争は誤りだったと告白した。マクナマラの誤算は、木（数字）を見て森（全体像）を見ないことにあった。1965年5月にベトナムを訪れたマクナマラは敵を短期に征圧するとして700人レベルの軍事顧問団を1万2000人に増やしている（前出「マクナマラの誤謬」）。

回顧録の中でマクナマラはトンキン湾事件に関して、「ポール元国務次官は1977年のBBCのインタビューでこう述べました。『多くの人は……北ベトナムへの爆撃を開始するための口実を、何でもいいから探していました……。

（米艦船の）任務は何よりも挑発でした……。もし駆逐艦が何らかの面倒に巻き込まれたら、我々が望んでいる（北ベトナムへの）挑発がうまく手に入ることになる、という気分が米政府部内にありました』」（『マクナマラ回顧録』共同通信社、1997年）。

こうして北ベトナムへの無差別爆撃作戦（北爆）が1965年2月7日以降、全面的に展開されてゆく。アメリカはこれをローリングサンダー作戦と呼んだ。

北爆で殺された市民（VNA=JPS）

この時あるいは1960年から始まる解放戦線との戦いをもってベトナム戦争の始まりと解説する書物があるが、侵略と戦争への着手は前述のように1954年にサイゴンでアメリカが行なったバオダイ傀儡政権の設置時とみなすべきであろう。この〝ベトナム共和国〟を守るためとして、まずは300人の米軍事顧問団が入り込み、南ベトナムの青年を集めて兵員を養成する。だがせっかく作りあげたのにこの軍隊が思うように戦わない。しびれを切らした米軍は軍事要員を増派する。そして1960年以降は、隠密行動をかなぐり捨てて公然とアメリカの正規軍部隊が南ベトナム解放民族戦線（解放戦線）と直接の戦闘を始めている。65年になると海兵隊の部隊がダナンに上陸、米地上軍は20万人を配備するまでとなった。69年6月には54万人が送り込まれている。ベトナム戦争中の派兵総数はのべ280万人となった。戦死した米兵は5万

8000人、傷病兵は30万人を超えた。

ベトナム戦争に参戦した韓国軍

米韓相互防衛条約に基づく「集団的自衛権の行使」として、1965年には韓国軍兵士もベトナムの戦場に送られた。戦地手当は米兵の半分に過ぎなかったが米軍から支払われた。その結果、派兵された韓国軍はのべ32万5000人という規模に達した。

2023年2月7日ソウル地裁は、戦争中に韓国兵に〝フォンニィ・フォンニャット村の虐殺〟で家族を殺され、当時8歳だった自身も銃撃で重傷を負ったグエン・ティ・タンさんの訴えを認めて3000万100ウォン（314万円）の賠償を韓国政府に命じた（ハンギョレ新聞2月18日）。韓国の責任を認めた初の判決であった。9000人に上るベトナムの民間人を殺した韓国軍の残虐ぶりは、未だにベトナム人の間でも語り継がれているほどだ。

ベトナムの戦場に派兵された韓国軍部隊
(1965、VNA=JPS)

東南アジア条約機構（SEATO）の加盟国であったオーストラリア、ニュージーランド、タイ、フィリピンの軍隊も米国の要請に従って参戦したが、規模は韓国軍の4分の

1程度であった。

韓国軍兵士は5000人を超す戦死者を出した。それ以外の韓国帰還兵のほとんども枯葉剤を浴びて帰国し、2万余の後遺症発症者をだしている。その韓国兵らが起こした枯葉剤訴訟もまたアメリカの連邦最高裁は却下した。たとえ集団的自衛権に基づく同盟軍であってもアメリカ兵以外は補償しない、という対応である。朴正熙政権に対してアメリカが求めた派兵要求の背後には、「アメリカの若者がアジアで命を落とすことはない。アジアにおける戦争はアジア人同士で戦うのが望ましい」（ウェストモーランド米ベトナム派遣軍現地総司令官）というアジア人使い捨ての考え方があった。

米軍は米兵にも韓国兵にも敵死者の「ボディカウント」をするよう要求していた。死体から耳を切り取ればその証拠となった。この最前線で活躍したのが全斗煥であった。第9師団第29連隊長として解放戦線部隊への奇襲攻撃を得意としていた。彼の配下には盧泰愚がいた。

ベトナム戦争後、79年に朴正熙が暗殺されると、全斗煥は盧泰愚と組んだ粛軍クーデターによる奇襲で実権を掌握、野党政治家を次々と逮捕し非常戒厳令を敷いた。これに抗議する光州の市民や学生の民主化要求デモに対しては、軍の特殊部隊2万5000人を送って虐殺を展開した。自国民に対する奇襲と2000人に上る殺戮という弾圧であった。80年9月に大統領に就任したが、95年には光州事件と汚職の責任が問われて逮捕された。88年には盧泰愚が大統領となる。93年に金泳三が初めて文民政権の大統領となるまで、韓国はベトナム戦争の血なまぐささを背負った軍事政権がつづいたのであった。

軍こそ出さなかったが、公然と米軍のベトナム侵略を支えたのが日本であった。沖縄の嘉手納基地からはB–52戦略爆撃機が北爆に連日飛び立った。様々な軍需品の発注・補給もあって日本の産業界はベトナム特需に沸きかえった。１９６５年12月、米太平洋軍司令官であったグラント・シャープが「沖縄無くして（ベトナム戦争を）続けることはできない」と語るほどであった。

日本の自衛隊と軍備増強

日本の自衛隊が他国の人間を殺さず、殺されずもせず、枯葉剤も浴びずに済んだのは、憲法9条が海外での武力行使を禁じていたからである。だが、２０２２年以降の岸田文雄政権による防衛力倍増、敵基地攻撃能力の確保、日米共同作戦の強化といった憲法違反への踏み出しは、あまりに露骨である。アメリカが世界のどこかで攻撃されると同時に日本の〝反撃力〟の行使が義務付けられる。集団的自衛という義務の中で、自衛隊の若者たちの命が今後も守られる保証はない。

さらに南西諸島へのミサイル配備の急ぎぶりも異常だ。その布陣は、沖縄を再び犠牲にする形で中国との戦争を考えているようにしか見えない。さらに敵基地攻撃などをやれば、反撃を受けて日本全土が廃墟となる。稼働中か停止中かを問わず54基の原発が自爆ドローンで攻撃されれば、すべてが核爆発を起こす危険がある。たとえトマホークを700発買い入れたとしても、中国はあと3年で6000発のミサイルを装備するという。そのすべてとどう対決するのか。軍拡はあまりにも愚かな選択である。日本は憲法9条のもと、平和外交を貫く以外にないのだ。

アメリカを震撼させたテト攻勢

1968年1月30日、ベトナム正月のテトに合わせてベトナム人民軍と解放戦線側の一斉攻撃が始まった。起死回生の決起である。フエやダナンなど南ベトナムの主要都市が標的となった。解放戦線・ベトナム軍の精鋭8万人が選び出され攻撃の先頭に立った。特攻部隊はフエの占拠に成功したが、ほとんどの都市で玉砕の運命をたどった。市民らによる蜂起は起きず、南の政権を瓦解させることもできなかった。サイゴンでは大統領官邸や放送局、アメリカ大使館、国家警察本部などが襲撃された。

なかでも注目されたのはアメリカ大使館がわずかな人数の解放戦線兵士に占拠されてしまったことであった。警備の海兵隊員は逃げ、米軍がベトナム解放勢力側を圧倒しているという米軍ウェストモーランド現地司令官のそれまでの報告が、根拠のないものであったことが示されてしまった。大使館の奪回はできたがアメリカのメンツは失われた。米国市民の戦意は喪失し、黒人の公民権運動ともつながったベトナム反戦運動が昂揚する。

サイゴン襲撃の唯一の生き残り兵士

テト攻勢でサイゴンを襲撃した一人の解放戦線兵士が生き残っていた。皆殺しとなったはずなのに、彼は重傷を負いつつもサイゴンの女学生らの連携プレーで秘かに救出されていた。彼にホーチミン市（旧サイゴン）郊外で出会ったのは、２００８年のことであった。

テト攻勢で砲撃する解放軍（VNA=JPS）

ホーチミン市の東南30kmに位置するカンザーには、マングローブのジャングル、ルンサックの森が広がっている。４万ヘクタールの森は戦争中、解放戦線の出撃拠点の一つであった。その森で一人の老人に会った。グエン・バン・タン66歳。彼こそテト攻勢でサイゴン放送局を襲撃した特攻隊の、唯一の生存者であった。

解放戦線のC‐10大隊は１５０人編成、サイゴンの地理に詳しい者たちだった。いつもは水に浸かったままの森林、カンザーにあるマングローブの森に潜んでサイゴン周辺の米軍基地などを脅かしていたが、テト攻勢に当たっては屈強な戦士たちが選ばれることとなった。

部隊は１月30日の夕暮れに密かに森を出て、数人ずつに分か

カンザーの沼を出るテト攻勢特攻隊

れてサイゴンを目指した。どの分隊がどこを攻撃するのか、目標はサイゴンに入るまで知らされなかった。万が一途中でサイゴン軍につかまっても隠密行動がばれないようにしていたのである。26歳だったタンらに最終的に与えられた任務は、アメリカ大使館近くにある国営放送局を奪取することであった。そこはサイゴン政権側の広報機関である。

　特攻隊員の中には、それまでサイゴン軍内に将校として潜り込んでいた「解放戦線の秘密メンバー」もいた。彼らはサイゴン軍の服を着たまま、サイゴン軍のジープに乗って、午前2時か3時ごろには放送局に到着した。タンらは周辺に散開する。

　12人の特攻隊が局内に突入し、ただちに宣言放送を行なう手はずだった。タンらは何がどう進んでいるかはわからなかったが、そのとき何が起きていたのかを、米ワシントン・ポスト紙のドン・オーバードーファーは著書『テト攻勢』（鈴木主税訳、1973年、草思社）で次のように記している。

　一人の「政府軍の中尉」が先頭のジープから出てくると、早口で守衛に、放送局の増援部隊が到着したと告げた。「そのことは何も聞いていません」という言葉を最後に、守衛はたちまち45口径のピストルで射殺された。放送局はその夜、政府軍の空挺部隊1個小隊が補強されて警備にあたっていたが、その隊員のほとんどは屋上で眠っていた。その屋上を見下ろすアパートの窓に陣取ったベトコンの機関銃手が、不意をついた数回にわたる掃射で、彼らをたちまち全滅させた。その間に地上からの攻撃部隊は建物を爆破して構内になだれ込み、放送局を動かす任務を与えられた北ベトナムのラジオ技術者がそのあとにつづいた。

彼はスタジオ及び事務所の詳細な図面と、複製した一組の鍵を持っていたが、それらはいずれも職員のシンパが用意したものだった。侵入者たちは、一斉蜂起を呼びかけサイゴンの解放を宣言する放送用のテープを持参していた。（略）ベトコンは6時間にわたって局を占領したが、テープを流すことはついにできなかった。

すでに空は明るくなっていた。

放送局はサイゴン軍と米軍の増援部隊によって包囲されていた。タンらは小火器しか携えていない。それに向けて米軍の戦車M-48の砲が火を噴き、機関砲がうなり続けた。空には攻撃用ヘリが現れ、ロケット弾を局舎とその周辺に浴びせた。局内に立てこもっていた12人の特攻隊は全員殺害された。タンは銃撃戦の最中に切り裂くような熱さを身体に感じた。戦車砲弾の破片が背中から右胸にかけて貫いたのだ。噴き出る血とともに力が抜け、気を失った……。

タンを救出した女学生たち

重傷を負った彼を見つけたのは学生のような若い女性たちだった。砲撃の中をかいくぐって近くの安全な住居に彼を引きずり込み、介抱を続けた。彼自身の強靭な身体と若さ、そして献身的な手当てが彼を奇跡的に蘇生させてゆく。

しかし不思議なことがあった。3人の女性は毎日入れ替わるように世話にあたるのだが、顔を布で覆い、目しか出していない。会話はしても名前は答えない。これは秘密活動をする解放戦線メンバーの鉄則であった。誰かが捕まって拷問にかけられても、お互いに名前も顔も知らないから白状することさえできないのである。

1か月と11日が過ぎた。傷はまだ癒えきってはいなかったが、いつまでもサイゴンにいるのは危険だと、一人の女性がルンサックの森まで首尾よく彼を送り届けた。

タンが生きて帰れたのは奇跡としか言いようがなかった。150人で出動したテトの攻撃での戦死者は149人。彼だけが見つからずに帰還できた唯一の生き残りなのであった。

タンが初めて米国人を見たのはまだ10代のころだった。彼が住むロンアン省に現れた米兵が、細い丸木橋を渡り始めた途端に橋が崩れ落ちて溺死する事件が起きた。彼らは「これは罠だ」と激怒した。彼らはタンの2人の兄を家から引きずり出して脅し、銃床で殴って瀕死の重傷を負わせたあげく、家に火をつけた。

彼らが引き揚げた後、夜になると解放戦線のゲリラがやってきて丁寧に傷の手当てをした。

それからひと月ほどして兄たちは姿を消した。解放戦線側に加わったのだった。タンが森に入って仲間になったのも、そのすぐ後のことだった。この2人の兄もタンの弟も、その後のテト攻勢に加わって戦死した。

家族の死、特攻隊の仲間の全滅。言いようもない寂しさに襲われることもあったが、タンにとって揺らぐことのない誇りは、革命のために身を挺して活動してきたことにあった。生きのびた自分がしなければならないのは、こうした犠牲の上に今日のベトナムがあるということを、若者に伝えることなのだという。毎日やっているのはルンサックの森の烈士の碑に線香をあげに行き、参詣に来ている人々に戦争の話を聞かせることだ。

まだ残る胸の傷を示すグエン・バン・タン（2008）。2018年に他界した

タンには後日談がある。戦後のある日、見知らぬ女性が一人で訪ねてきた。「タンさんですね」と女性は懐かしそうに話しかけてきた。見覚えがない人だった。彼女は「そうでしょう、私は重傷のあなたをサイゴンで助けた者のひとりです。でも顔を隠していたし名前も言いませんで

したから記憶にはないと思います。でもこうしてあなたが元気でいるのを知ってなんとも嬉しくてたまりません。お役に立てたのですね」。彼女は満面の笑みを見せて彼の手を取った。

40年前のできごとがタンにもよみがえった。この人が命の恩人だったのだ。しかも、わざわざタンを探し出してサイゴンからやってきている。危険だらけの中で傷の手当てをどうやったか、彼の存在を隠すためにどんな工夫をしたかなど、当時の話題が尽きることはなかった。

しばらくして彼女が聞いた「タンさん、まだおひとりですか?」。タンは、すでに社会人となった3人の子どもに囲まれて幸せに暮らしていた。それを聞いて彼女は落胆したふうだった。「よかったですね、それではさようなら」とだけ言い残して彼女は帰っていった。その姿が少し寂しそうだったと、彼はつぶやいた。

攻勢は失敗か成功か

午前2時45分に米国大使館を占拠したわずか19人の解放軍決死隊は、6時間25分の間応戦を続け、9時過ぎに力尽きる。一人だけが生け捕りにされて数週間にわたる拷問と自白の強要の後、これも殺された。大統領官邸を襲撃した14人も全滅。米南ベトナム援助軍司令部と米第7空軍司令部のあったタンソンニャット空軍基地を攻撃した解放軍の3個大隊は、多くの犠牲を払ったのちに退却する。

解放勢力の乾坤一擲ともいうべきテト攻勢は、100を超える地点で基地や飛行場を脅かしたあげく、6万余りの解放側戦士の犠牲を出して幕を閉じる。北部の主要都市フエを1か月間占拠した部隊は、サイゴン政権側だとみなした市民の処刑も行なったのではないかと取りざたされている。

この攻撃は失敗なのか成功なのかという論議がその後もあった。解放勢力が期待したはずの市民の蜂起は起きず、サイゴン軍部隊のいっせい寝返りもなかった。とは言え、この事態が米国を震えあがらせ、政治的後退を余儀なくさせるという効果を上げたのは事実だった。「連戦連勝だったはずの米軍がこんな体たらくだ」という事実が米国世論を揺るがし、リンドン・ジョンソン大統領は退陣さえ決意するに至るのであった。

テト攻勢の後、米国は3月には北爆を停止している。ウェストモーランド司令官の要請に従って増派に次ぐ増派を行ない、一時は54万人もの米軍兵力を駐留させてきた軍事政策を変え、米軍の段階的撤退、ひいては全面撤退を模索することへとつながってゆく。

あまりにも劇的であったテト攻勢。とりわけ米国大使館占拠事件の映像は米国民の茶の間に飛び込んで、米国がベトナムでやっている戦争の愚かしさと暗部を見せつけることになった。後ろ手に縛った解放戦線捕虜のこめかみに銃をあて、裁判もせずに路上で処刑したサイゴン政府のグエン・ゴク・ロアン国家警察長官の蛮行も、それを目のあたりにした米国の反戦世論を沸騰させた。

これらを教訓に、米国はその後の湾岸戦争でもアフガニスタンやイラクへの侵略に際しても、メディアによる自由な取材を決して許さず（大本営）発表だけの戦場報道に限定するディーバー・ルールを適用した。それはさらに進化し、今ではエンベッド取材（記者を部隊につめこんで軍の意向に沿った取材をさせる）以外は許可しない、という仕組みを作り上げてしまっている。

ソンミ事件

米軍はテト攻勢の報復として残虐な殺戮を各地で始める。ソンミ事件が起きたのは同年３月16日であった。中部ベトナム・クアンガイ省のこの村に入った第23歩兵師団のウィリアム・カリー中尉の小隊は、女性と老人、子ども５０４人しかいない無抵抗の村で、全員を集めて皆殺しにしたのである。生存者は僅か３人であった。

こうした虐殺はソンミだけではない。「動くものは全て殺せ」という特殊任務を与えられた「タイガーフォース」などの部隊が一斉に動き出したのである。この事実を２００３年になって明るみに出したのは、オハイオ州の地方紙「トレド・ブレード」であった。この報道は２００４年にピューリッツァ賞を与えられている（日本語版『タイガーフォース』ＷＡＶＥ出版、２００７年）。カリー中尉は１９７１年に米軍法会議で終身刑が言い渡されたが、なぜか３年後には釈放され、全米を講演して回る戦争英雄となった。

ケサンの戦い

テト攻勢に呼応して北ベトナム軍が1968年1月に開始した、南北境界のケサン米軍基地をめぐる戦いで、アメリカは苦戦を続けた。補給路を断たれ2万の兵力に圧された米軍は、兵員と物資の補充を空路だけに頼る守勢を余儀なくされた。ジョンソン政権はこの膠着状態を打開しようと戦術核兵器の使用を本気で検討したが、国際世論の手前、核を持ち出すことは回避された。ケサン基地周辺のベトナム軍に対しては2700回もの爆撃をくり返して空前の虐殺を展開、かろうじて凌いだが、その後に米軍はケサン基地を放棄した。

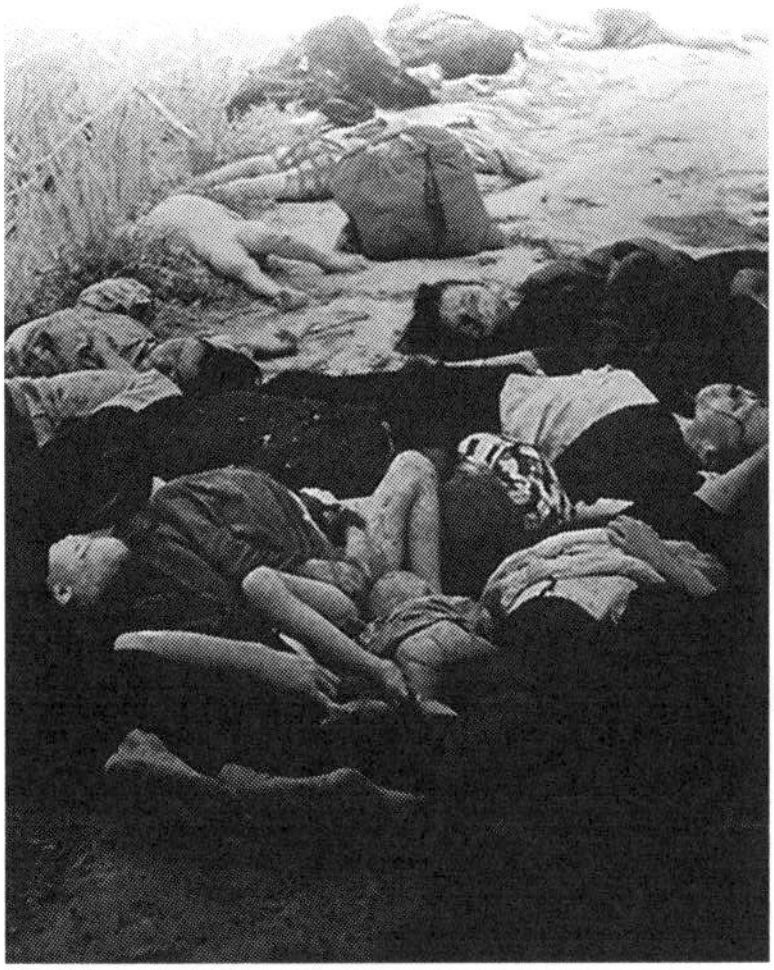

路上に集められて銃殺されたソンミの人々
(戦争証跡博物館提供)

ベトナムでのこうした劣勢は、アメリカの世論を沸騰させた。「ベトナムから手を引け」の声が公然と叫ばれるようになり、米政府は困惑する。追い込まれたジョンソン米大統領は「もう次の大統領選には出ない」と言わざるを得ない事態となった。同時に、ベトナムからの名誉ある撤退が密かに探られることとなる。

ケサンにはいま、数千の碑が連なる戦死ベトナム兵の墓苑が置かれている。

北爆下の取材

私が初めてベトナムに入ったのは、米軍の北ベトナム爆撃（北爆）が続いているさ中、1970年のことであった。ハノイでは絶え間なく空襲警報が鳴り響き、そのたびに防空壕に飛び込まなくてはならなかった。ハノイ最大の医療施設バクマイ病院は標的とされ、無残な全壊の姿をさらしていた。一番の繁華街カムティエン通りは無差別の絨毯爆撃で全滅だった。男たちは兵士として前線にいたから、殺されたのは老人と女性、子どもたちばかりであった。

米軍は軍事施設のみを標的としていると発表したが、それは壮大な嘘であった。コラテラル・ダメージ（巻き添え被害）という戦事用語がある。「軍事施設を狙って攻撃したのに周りの住宅や民間人に被害を出した」ことを表すが、今やどの戦争であってもこれを言い訳に使うことは許されない。砲弾であれミサイルであれ、かなり正確に目標に命中する精度を持っている。ベトナムやウクライナで、住宅や病院、学校、インフラ設備などが次々と破壊されるのは、「巻き添え」ではなく意図的に標的としているからである。「こんな恐ろしいことをする敵とはもう戦いたくない。もうやめてほしい」という世論を住民の間に蔓延させ、戦意をくじくという狙いがある。

北爆を開始した1965年、米空軍が初期のターゲットとしたのはゲアン省クインラップにあったハンセン病患者の施設であった。屋根に大きく赤十字マークを付けたこの病院めがけて米空軍は山ほどの爆弾を投下している。多くの犠牲者が出たのは当然のことだが、米軍の狙いは患者たちの集団が周辺に逃げ出すことにあった。ハンセン病は当時らい病ともいわれ、顔面や手足がもげ落ちてゆく恐ろしい不治の病気とみなされていた。そうした偏見は当時の日本でも同じであった。治療可能な疾患であることが知らされないまま、隔離されるという人権無視がまかり通っていた。まずはそこを標的にして患者が逃げ出せば、周辺住民はパニックに陥るはずだと米側は期待したのである。

ハノイの各国大使館が密集する街区でフランス大使館だけが北爆米機のロケット弾にやられたのは1968年のことであった。ピンポイント爆撃である。フランス大使は全身の火傷で死んだ。その2年前の1966年、ドゴール仏大統領は米軍の軍事介入を鋭く批判する「反米演説」をプノンペンで行なっていた。それが原因で狙われたのだと現地では即座に報じられた。フランス政府がアメリカに厳重抗議をしたのは言うまでもない。

対人殺傷爆弾

空から投げ落としたのは大型爆弾だけではなかった。貫通爆弾は建造物の地下に届いてから爆発する。これで防空壕に逃げた住民を皆殺しにした。ボール爆弾は親カプセル内に数百個の球形爆弾が入っていて、空中で散り、地上の広範囲に落下する。一つひとつが爆弾だから、炸

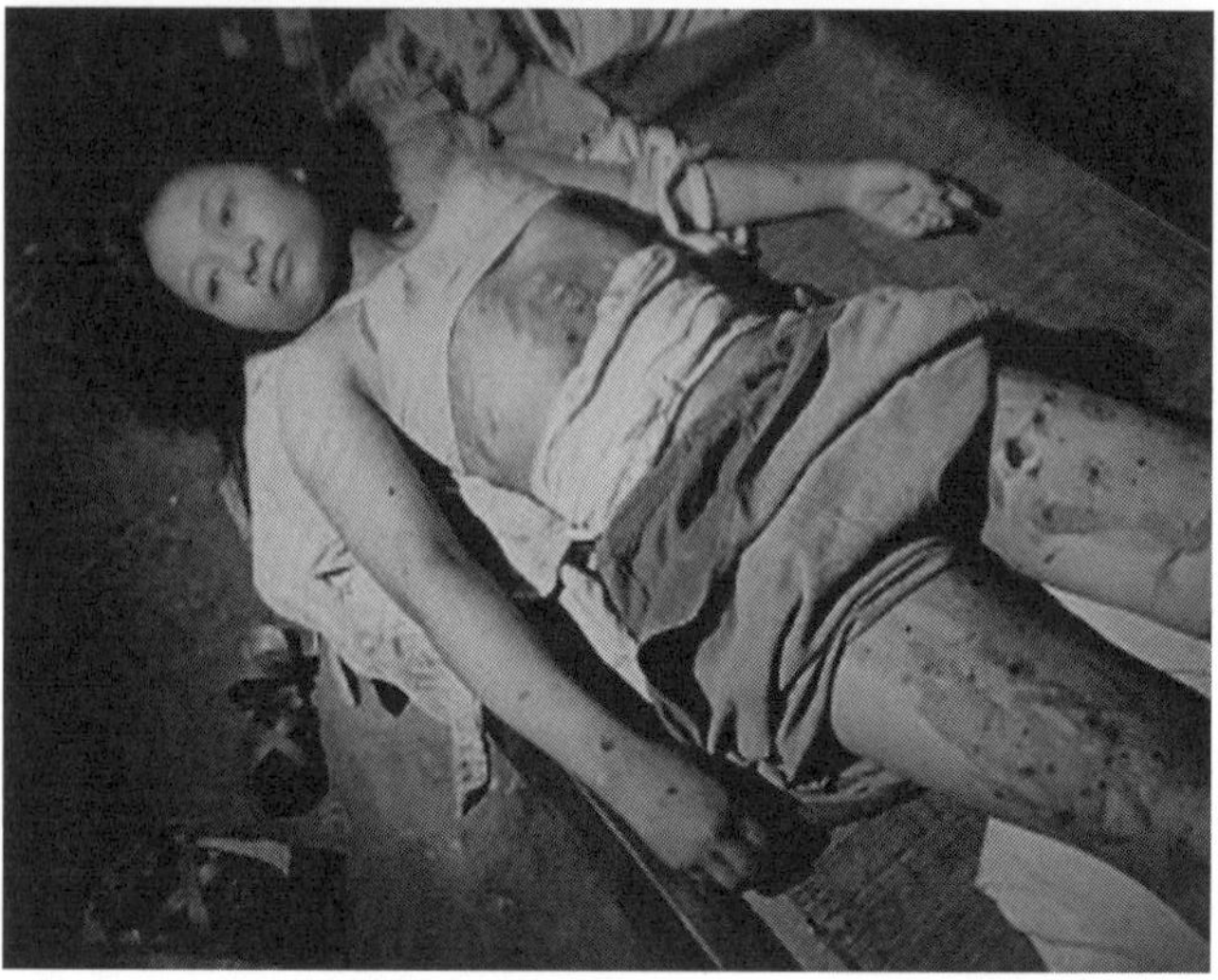

（上）クラスター（ボール）爆弾
（下）体中にボール爆弾の鉄球が食い込んでいる（JPS 小西久弥撮）

裂すると内部に閉じ込められていた鉄球が周辺に放射状に飛び散る。近くにいた人間はハチの巣状に食い込んだ鉄球で即死。遠くにいた人間もいくつかの弾丸を浴びる。外科手術で取り出すためには体中を切り裂かなければならないという残虐兵器だ。

メディアでは近年「クラスター爆弾」と表現しているが、これが建造物や戦車などは破壊できない、人殺し専門の「対人殺傷爆弾」であるという説明がない。「不発弾が地雷と化すから危険だ」という解説がせいぜいだ。無数の鉄針釘が飛び出す釘爆弾や、ちょっと触れただけで爆発する蝶々爆弾、子どもが拾って手足を失う万年筆爆弾や錠剤型爆弾もバラまかれた。

さらにベトナムの人々が怯えたものに黄リン（白リン）爆弾があった。飛び散ったリンに触れると、皮膚に浸透して体全体が大やけど状態となる。黄リンは水分中の酸素と反応するため、体液・血液を求めて体内に深く入って行くのだ。あまりの残虐さに、戦後になってジュネーブで禁止兵器としての議論がされている。

それを使ったのがウクライナに入ったロシア軍であった。マリウポリの製鉄所の防御が固くて手におえないと見ての使用だった。空中に飛び散って花弁のカーテンのようにゆっくりと落下してゆく白いリンの粒子群をＴＶ画面でも見た。

タコつぼ

ハノイの街路にはたくさんの〝タコつぼ〟が掘られていた。直径１ｍ、深さ１ｍ20㎝ほどの

ハノイのチャンティエン通りにあったタコつぼ（NDN）

穴で、空襲があると歩行者はその中に飛び込んで難を避ける。２人ぐらいまでなら入ることはできる。コンクリートの丸い蓋が脇にあって、それを頭上に引っ張ってきて被れば、直撃でない限り爆発から身を守ることができた。

超音速機は近づいてきても爆音が無い

米軍は、５００ポンド爆弾を１００発以上もバラまけるＢ－52戦略爆撃機で空から無差別爆撃をしただけではない。第７艦隊の空母エンタープライズやコンステレーションから大量に飛来するＦ４ファントム、Ａ６イントルーダーといった艦載機がロケット弾で市民の住宅や病院、学校を狙った。音速機とか超音速機は音の速さよりも速く飛ぶから、近づいてきても音がしない。飛び去った後になってようやく音が届き、ドカーンという落雷のような大爆音がとどろくことになる。

レーダーなどが揃っていない時、ハノイでも田舎でも人々はアナログな方法でこれに対応した。火の見やぐらに当番が登って地平線を監視し続ける。黒い点が見つかってそれが音もせず少しずつ大きくなるようだと、音速の攻撃機の接近だと判断できる。そこで監視当番は吊り鐘代わりにぶら下げてある爆弾殻を力いっぱいに叩く。ガンガンガーンと鳴り響くその鋼鉄の音がみんなに危険を知らせる空襲警報なのである。これにより、航空機の爆音がまだ聴こえないのに人々は防空壕に隠れることができるのだ。その何十秒か後に銀色の機体が目にも止まらぬ速さで上空に現れる。地上の人間は、爆弾や空対地ロケットでこっちを狙わないでくれと祈ることしかできない。

空襲の合図のたびに、私も何度かタコつぼに飛びこんだ。幸い米軍機は頭上を通過するだけだったが、タコつぼの中には水が溜まっていたりした。小便臭かったりすることもあった。でも建物の地下にある防空壕に走り込む余裕がない時、路上にあるそれは都合の良い個人壕であった。

小銃で撃墜

中部ベトナム・ドンホイの海岸で取材した女性だけの小隊は、肩に担いだ小銃を私に見せながら「これで米軍機を何機も撃ち落としたのよ！」とにこやかに笑った。まさか、と思って話を聞くと、どうやら嘘ではない。砂浜に掘った穴に体を埋めて顔と銃だけを地表に出し、第7艦隊から飛来する艦載機を狙ったという。

小銃で超音速機を撃ち落としたドンホイの女子民兵隊

巨大爆弾でリエンは家族と両腕を失った

米軍機はレーダーに捕捉されるのを避けて超低空で飛んでくる。小銃では機体そのものを狙うのでなく、飛来する予想ラインの手前あたりに弾幕を張るように、みんなで一斉に撃つのだという。最新鋭の超音速米軍機の弱点はその超音速にあった。ひとかけらでも機体に当たれば、その衝撃で木っ端みじんになってしまうのだ。砂の中にいる女性たちの姿はパイロットからは見えない。機体をやられた！　と思っても、その時に海岸ははるか後ろになってしまっているから反撃はできない。運が良ければ操縦席ごと空中に飛び出すことになるのだが、パラシュート降下する米兵は、村人たちにつかまって捕虜収容所に送られることになる。

撮影が許されない苦痛

北爆下のベトナム取材で外務省新聞局から通訳兼コーディネーターとして同行してくれたホー・モン・デップは、しばしば私を助けてくれている。激しい戦闘状態にあったタインホアでのことだ。米軍機が接近して爆撃が始まった時、逃げ込む壕は近くに無かった。彼は私をおし倒し、身体の上に覆いかぶさっている。爆弾の破片で私がやられぬよう、体を張って防ごうとしたのであった。「通訳さんなのに、そんなことまで」と言うと、「外国人ジャーナリストを案内する人間の義務なのです」との模範回答が返ってきたりした。

それにしても戦地取材は難しい。カメラを構えるとその都度コーディネーターの制止が入った。向こうには軍事施設がある、それが写ってはいけないというのだ。

カメラを水平に構えてシャッターを押すと周辺が広く写る。その画面の中に長い柱が写ればまずいと言ったりもする。つまりそれは軍事用のアンテナである。米軍は偵察衛星などで空から撮影を続けている。トラックや軍隊の移動も丸見えである。柱はそこに一つの点として写る。その点が何であるのかわからないはずだ。ところがそれを地上からの写真と合わせてみれば、上に向かって伸びているアンテナと判ってしまう。高さが何メートルであるかもわかる、というのである。

そんなつもりで撮ったのではないと言っても、本人の意図とは別に、発表した写真からアメリカは読み取るはずだという。「できればカメラは下に向けて撮ってください」とも言われる。これでは取材にならない。最前線は大変なのだと思い知らされたものだった。

米機撃墜を目撃

タインホアには国道1号線にかかるタンロン鉄橋があって、そこは米軍機が何度襲撃しても落ちないことで勇名をはせていた。高射砲部隊などの地上砲火が激しく、米軍ジェット機がしばしば撃墜されている。パイロットたちもむやみには接近したがらない。

1974年のことだ。国道1号線を南北境界の北緯17度線に向かってジープで南下していると、地平のあたりからシュルシュルとオレンジ色の煙を出して上昇するものが見えた。しばらくして上空でそれが爆発した。同時に空中から黒い残骸がバラバラと落ちてきた。これはミサイルが米軍機を撃墜した瞬間にちがいない。直ちに車の方向を変え、田んぼ脇の農道に入った。10分ほどもかかっただろうか。撃墜された米軍機が白い噴煙を上げている。現場はやはり水田であった。靴を脱がずにそのまま水の中に入った。白熱したまま落ちたのか、破片の周りの水がブクブクと沸騰している。戦闘機だったらもっと大きいはずだが、機体がなぜか小さい。撮影に夢中になっているうちにふと気が付くと、村の人々が鍬や鎌を手に私の周りを取り巻いて何かを口々に叫んでいた。「ジャック・ミイ」という言葉が聴こえる。これは漢字に直せば〝賊美〟であり敵・アメリカ兵のパイロット、という意味のはずだった。

何ということだ、私は撃墜機から降下した空軍兵ではない、誤解だ、と思った時、同行していたVNAの記者が私を隠すかのように田んぼで立ちふさがり、「この人はジャック・ミイではない、ベトナムに取材に来た日本人だ。手を出してはいけない！」と大声で叫んだ。気が付けば私は兵隊服のようにたくさんのポケットがついたカメラマンコートを着ている。こんな服装のベトナム人はいない。

村人が「アメリカ兵をやっつけろ」とばかりに鎌や鉈を手に集まってきたのは、それまでさんざん爆撃で苦しめられてきた怒りと恨みの表れなのだ。人々が落ち着いたころになってベトナム軍の兵隊も到着し、こう言った。

「あなたに何事もなくてよかったです。この機体は米軍の偵察機です。しょっちゅう飛んできて我々の部隊の動きを監視しているやつです。無人機です」

今ではドローンがどこの戦場でも飛び回っているが、当時は大きく不格好な偵察機がかなり上空を徘徊していたのだ。当時の米軍は北爆に向かった戦略爆撃機などがソ連製のＳＡＭミサイルで撃墜され続けていた。これに対応してミサイルをどんどん消費させる目的で、おとりの小型無人機を無数に飛ばす戦術を採ったとされる。この撃墜もその一環だったかもしれない。

米軍の統計によれば、１９６２年から73年までの間に撃墜された米軍機は２２５７機に達している。パイロットら２１１８人が死亡、３４６０人が負傷した。捕虜として捕らえられたのは５８６人。ベトナム通信社の71年1月の発表では、61年から72年までの間に４７８１機を撃墜している。北爆は米越パリ会談の最中の１９７２年末まで続いていた。米軍の統計と差があるのは、北による撃墜数の中に偵察無人機やＳＡＭミサイルを消耗させるためのおとりの飛行体が数多く入っているからかもしれない。

この無人偵察機撃墜の撮影記録はルポとともにアサヒグラフに掲載された。

撃墜されたマケインの生涯

ベトナムに爆弾を山ほど落としたあげく撃墜され、緊急脱出はしたものの、降下地点で生きたまま捕らえられたアメリカのパイロットたちも多い。その中でも最も有名な人物の一人が、共和党大統領候補にもなったマケインだろう。

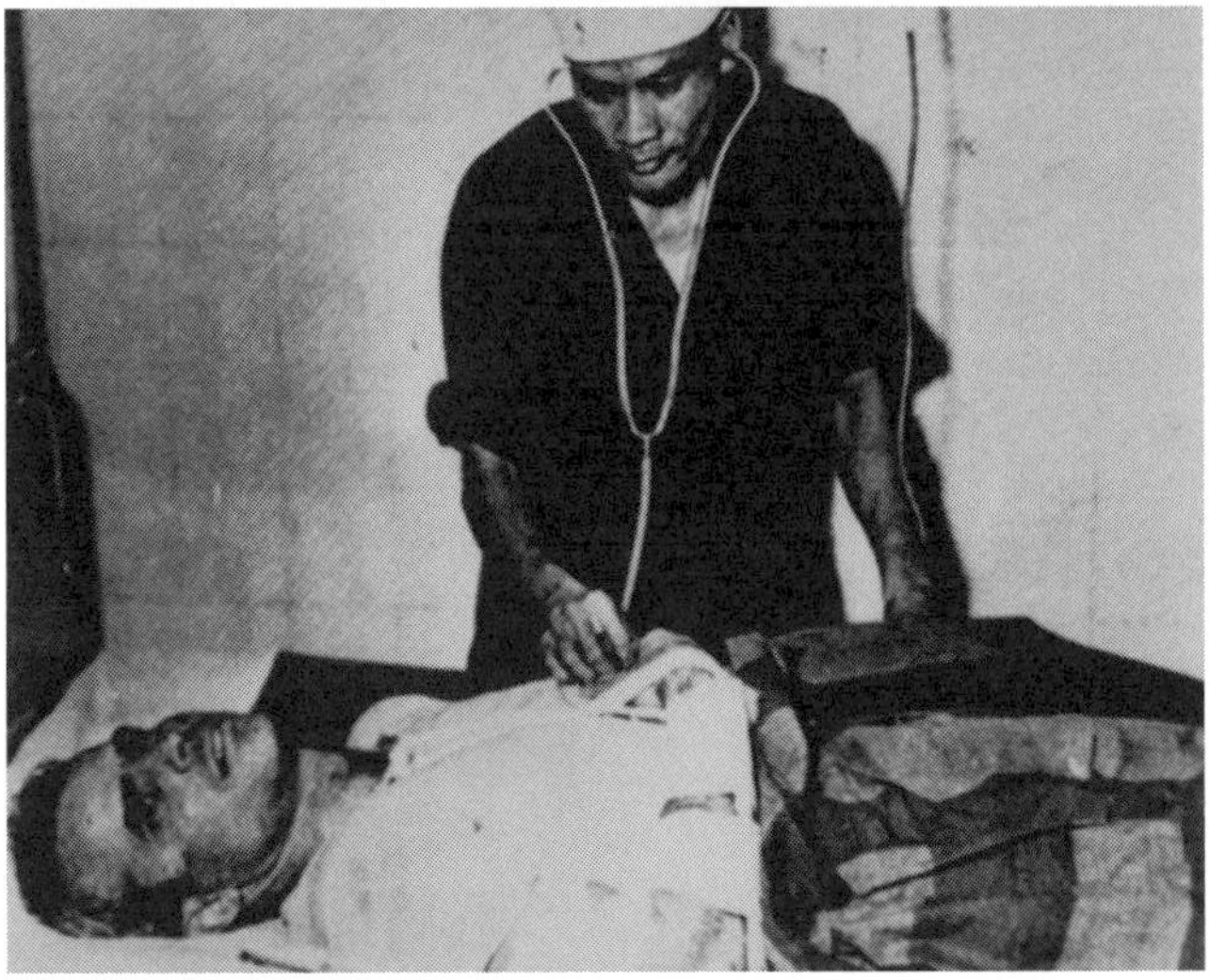

（上）チュクバク湖面のマケイン（中央、浮き輪近く仰向け）と救命の人々（VNA=JPS）
（下）捕虜収容所で治療を受けるマケイン（戦争証跡博物館）

当時、米海軍中佐であったジョン・S・マケインはまだ31歳。A4スカイホーク戦闘爆撃機でトンキン湾上の空母オリスカニーから飛び立ち、北爆を行なっていた。1967年10月26日、ハノイ市上空で対空ミサイルS-75により撃墜され、コクピットから脱出、パラシュートで降下した。その緊急脱出時に両腕と足を骨折した。

落下地点はハノイ旧市街北西部のバディン広場に接するチュクバク湖であった。湖の水深は4m、湖底を蹴って水面に出た。それを目撃して、湖に飛び込んだ市民や兵が溺れる寸前の彼を救出、生け捕りとされた。

ベトナムでは当時、「捕まえたパイロットは殺してはならない、捕縛連行の上当局に引き渡しなさい」というルールがあった。捕虜はアメリカと交渉しうる貴重なカードなのだ。爆撃で家族を殺された住民らが恨みのあまり殴りつけたり、鍬や鉈を振りかざしてパイロットを殺そうとすることもあったが、そうなると直ちに制止されて捕虜たちの命は守られた。しかし北爆はいつまでも続いた。湖に入ってマケインを救った市民や兵たちさえも、のちにその半数が死亡している。

マケインの捕虜生活は、それから5年半のあいだ続く。マケインはその間に「拷問に遭った。ろくな治療が行なわれずに苦しんだ」などと帰国後に証言し、一躍、ベトナムでの苦痛と迫害に耐えた英雄となった。

マケインが「姓名と生年月日、所属部隊名と認識番号以外は何もしゃべらなかった」と帰国後に誇らしげに言うのは、ジュネーブ協定の戦争捕虜の取り扱いに関する条項を遵守した、それ以上の情報は与えなかったというアピールである。いずれにせよ彼が、ベトナム戦争全体を指揮統括する米太平洋統合軍司令官、ジョン・S・マケイン・ジュニア大将（68年就任）の息子であることが知られてからは「待遇が変わった」とされている。ベトナムにとっては「良いタマだ」というわけだ。

マケインの上腕の骨折治療は、停電しがちな手術室、不足する医薬品という状況下で、しかしハノイのトップクラスの医師らによって執り行われた。「治療は最低で、ろくなものではなかった」と言うマケインは、自身が23回にわたる出撃でハノイの諸インフラ施設、とりわけ撃墜された当日にハノイの発電所を爆撃したことを忘れていたようである。

ホアローでバスケットボールを楽しむ。捕虜は米側との駆け引きの手段であるため、彼らは殺されることなく優遇された。米帰還後に彼らが「残虐な拷問を受け続けた」と言ったのは、米国民に英雄視されるためのアピールだった（NDN-VNA）

ホアロー収容所

586人にのぼる捕虜を抱えたホアローの収容所はハノイ市内外に移動・分散を繰り返していた。爆撃されるのを避けるのと、位置情報が漏れて奇襲されるのを警戒したからであった。実際、失敗はしたが60年代末、米軍特殊部隊が深夜ひそかにヘリで降下、収容所を急襲する事件も起きた。それを事前に察知、移動していた捕虜収容所はもぬけの空。現場のベトナム兵らを何人か殺しただけで特殊部隊の電撃作戦は失敗に終わっている。

捕虜たちは当時、自らの収容所を「ハノイ・ヒルトン・ホテル」とジョーク仕立てで呼びながら暮らしていた。ベトナムは当時、北爆がひき起こした絶対的物資不足にあえぎ、市民はわずかな量の配給制度で糊口をしのいでいたにもかかわらず、捕虜収容所への食糧や衣類は優先的に調達されていた。

ちなみにアメリカが見つけられなかったホアロー捕虜収容所は、ホアンキエム湖に近いハノイの中心部にあって、今では誰でも見学できるものとなっている。隣に高層ビルのハノイ・タワーが建設されたので場所はすぐにわかる。

ベトナムへの忸怩たる思い

ベトナム戦争終結に関するパリ協定締結の後、1973年3月14日にマケインは他の捕虜らとともに釈放され米本国に帰る。帰国後は様々な勲章が贈られ、生還した英雄としてニクソン大統領の接見まで受ける。しかし不思議なことに、ハノイで釈放されたときには背筋を伸ばし、手足を振って歩いた彼が、なぜかニクソンが待つステージの上では松葉杖姿でよろよろと登場している。その姿は全米に放映され「命がけでアメリカに尽くしたベトナム戦のヒーロー」として米国民のイメージを膨らませるものとなった。

それはまた下院議員から上院議員へ、さらに共和党の大統領候補へと登りつめ、民主党のバラク・オバマと大統領の座を争う人物へとジャンプしてゆく。松葉杖の姿はその最初のステップなのであった。

ただし彼の本心が、ベトナムに対する敵愾心に満ちたものであったかどうかは窺い知れない。もしかしたら、どこかに「忸怩たる思い」が潜んでいたのかもしれない。

1967年7月29日、乗船していた空母フォレスタルで、マケインがA4の操縦席に着座しているときに後続機のF4がロケット弾を誤射して彼の乗機に命中、彼は間一髪で脱出という

ハノイで釈放された捕虜たち、中央が背筋を伸ばして歩くマケイン(VNA=JPS)

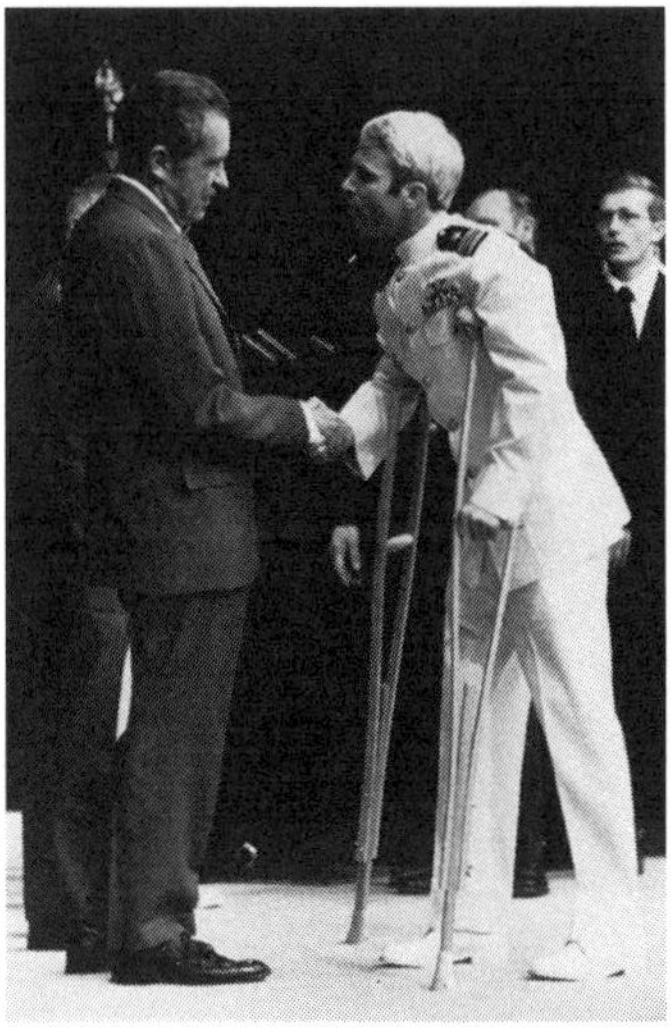
マケインはニクソン大統領の前では松葉づえ姿で現れた(マケインのHP)

事件が起きた。彼自身は軽傷ですんだが、爆弾やナパーム弾の連鎖暴発によって、艦上で132名が死亡する大事故となった。この恐るべき惨劇を目撃した彼はメディアに対し「こんなものを地上に落としていることに戦慄を覚えた。……この思いは爆撃任務中も忘れることがなかった」と語っている。

戦後、議員となってからの活動も、ベトナムとの国交回復に奔走し、クリントンのハノイ訪問で約束された米越対話を恒常化することに力を注いでいる。そうしたベトナムへの関心と思い入れは、後に発覚した旧ダナン米空軍基地その他の枯葉剤・ダイオキシン汚染問題に米国が責任を果たすといった対応においても垣間見える。

共和党大統領候補として民主党のオバマと競り合ったマケイン上院議員は、2018年8月25日、81歳で他界した。共和党の重鎮議員でありながら、晩年はトランプ大統領を痛烈に批判し続けた。ベトナムは今では彼を敵視などしていない。彼が落下したチュクバク湖岸には「ここにマケインが落ちてベトナムの市民に助けられた」との記念碑が建てられているほどだ。

ベトナムは、侵略され虐殺されたことへの怒りは胸の奥深くにしまったまま、「いつまでも恨み続けない」という構えを示す。「どうしてか」という問いには、「侵略者はフランス、日本、アメリカと100年以上にわたって残虐行為を働いてきた。それらすべてを敵とみなして断絶を続ければ、ベトナムの戦後復興はない」。「個々の兵を敵視はしない」ともいう。心が広いというべきかプラグマティックというべきか、不思議にさえみえる対応である。

チュクバク湖の水中からマケインを救い上げた市民とマケイン(2012.1、VNA)

戦後、多くのアメリカ兵たちが、戦った現場にもう一度立ってみたいと考え、観光客としてベトナムにやってきている。ベトナムは承知の上でそれを受け入れている。

マケインも落ちたチュクバク湖を再訪し歓迎されている。

サイゴン陥落、ベトナム戦争が終わった

1975年4月30日、サイゴンに入った解放軍と人民軍の部隊は、ズオン・ヴァン・ミン大統領がサインした降伏文書を大統領宮殿で受け取った。21年間続けられたベトナム戦争はこれで終了した。サイゴン軍と政府関係者はわれ先に逃げ始めた。

直前まで大統領だったグエン・ヴァン・チューとグエン・カオキ首相は米軍の艦船でアメリカに逃げた。カオキのボストンバッグには金の延べ棒がびっしりと入っていた。そのバッグが破れて甲板上に金塊がどっと広がった写真が毎日グラフに載ったりもした。

3月10日に南ベトナム中部高原で始まったホーチミン作戦は、4月にはサイゴン周辺に到達した。サイゴン軍は混乱状態に陥り、軍服を脱ぎ捨ててちりぢりに逃げ出していた。サイゴン

に入った解放側の戦車部隊に対しては、市民が喚声を上げて歓迎する光景も生まれ、南の首都は無血解放となった。

私がサイゴンに入ったのは解放からひと月後の5月のことである。市民たちは日常生活を取り戻し、市場の賑わいも維持されていた。

しかしその陰で、サイゴン軍関係者や政府職員などはパニックに陥っていた。ドルを求める人々が街にあふれ、ボートピープルとなって海外に出ようとする人々の姿があった。皆殺しにされるという噂があったからだ。しかし実際には皆殺しなどは起きなかった。軍人や政府高官

サイゴン政権の空軍大尉であったグエン・タン・チュン（左）は4月8日、ファンティエト空軍基地から米戦闘機F 5Eで飛び立ち、サイゴンの大統領宮殿に2発の爆弾を命中させた。サイゴン政権がパニックに陥った。彼は秘密のベトナム共産党員だった（戦争証跡博物館）

「解放だ！」と叫んで旗を振るサイゴンの子供たち（1975）

らは再教育キャンプで〝思想教育〟を受けただけで放免されている。わずかだが何か月たっても解放と革命の事態を受け入れないガチガチの軍人はアメリカが受け入れることとなり、米本士に送り届けられた。

それにしても「もう戦争がない」というのは誰もが感じた安堵であった。街中で銃撃される危険もなかったし、身内同士で密告しなければならない苦痛もなかった。

隠密行動を続けていたはずの解放戦線のゲリラたちも公然と、メディアに顔をさらした。勇猛な戦士と思っていたのに、そこに現れたのが少女たちであったことに度肝を抜かれた記憶がある。ふだんは市民として暮らしながら、いざとなれば兵士に変身したのだという。

姿を現した解放戦線の少女ゲリラ（カントーで。1975）

中国にすがりついたアメリカ

１９６８年のテト攻勢で、米大使館が僅か数名の解放戦線に占拠されるなどの失態を重ねた米国は、71年にひそかにキッシンジャーを訪中させている。ベトナムからはもう撤退するしかないと判断したのである。米軍撤退と戦争終結に向けての中国の反応を探る先遣調査をしたのであった。そしてパリでの米・ベトナム会談が秘密裏に積み重ねられてゆく。

翌72年になると、突如ニクソン大統領が北京を訪問して毛沢東と手を握る。ニクソンは戦争の劣勢を挽回しつつ名誉ある撤退もしたいと考えていた。毛沢東はアメリカと中国の関係が改善したことを喜んだ。だがベトナムはまだ戦争のさ中である。中国がニクソンを歓迎したことに対して、ベトナムは「中国は溺れる犬に浮き輪を与えた」と激怒した。アメリカを中国が助けるのかと。その年、和平会談の最中に、米軍機による無差別爆撃（クリスマス爆撃）が行われ、ハノイ、ハイフォンなどの都市を徹底破壊する事態となった。ベトナムを叩けるだけ叩き、会談をより有利に進めようというアメリカの魂胆であった。和平会談をしながらニクソンが命じたこの爆撃を、ニクソンの訪中時に中国が暗黙の了解を与えたかどうかは知らない。

累々たる犠牲者

ベトナム戦争で米軍がインドシナにバラまいた砲爆弾は１４００万トンに上る。第2次世界大戦中に世界で使われた量の2倍にあたる。広島型原爆がＴＮＴ火薬換算で2万トンとされているから、それが７００発落された破壊力に匹敵する。戦争中、ベトナムを石器時代に戻してやると叫んだのは、空軍参謀総長カーチス・ルメイ将軍であった。彼の狙いどおりベトナムは家も工場も人の命も、すべてを失って終戦を迎えた。ベトナムは月面のように爆弾穴だらけとなった。それでもホーチミンが掲げた「自由と独立ほど大切なものは無い」という言葉を胸に抵抗戦争を続けるベトナムの人々の士気が揺らぐことはなかった。

月面の世界となったベトナム（VNA=JPS）

犠牲者の数は膨大である。『ベトナム戦争の記録』（大月書店、１９８８）によれば、解放勢力側で戦死した兵士は１６７万人、北で死んだ民間人は６万５０００人、サイゴン軍の戦死22万人、南の民間人の死者43万人、アメリカ軍の戦死者８万２０００人という数となっている。戦争中の死者数は肢体すべてが飛び散った者も多く、確実な数とはなっていない。手足などを失った負傷者はこの5〜10倍はいると推定されるが、戦時下での詳しい統計はない。枯葉剤の後遺症に苦しむ４５０万人がこれに加わる。総数では３６０万に上るベトナム人を殺した（「ベトナムとの対話」でのマクナマラ発言）と米側は認めている。ベトナムは、そのうち２００万人が民間人である、負傷したのは２００万人、30万人が遺骨さえ見つからない行方不明者なのだとしている。

大量殺戮を指揮してきたのは米軍司令官、カーチス・ルメイ将軍であった。ルメイは東京・日本大空襲46万人大虐殺の指揮官でもあった。だが１９６４年12月７日、佐藤栄作首相のもと、日本で〃自衛隊創設に貢献した〃との理由で勲一等旭日大綬章を授けられている。日本のアメリカに対する奴隷根性はどれだけ根深いものなのか。理解に苦しむ話だ。

証拠を焼いたアメリカ大使館

１９７５年、夏のサイゴン。解放戦線がベトナムで米軍を破ってからふた月ほどたった７月のはじめ、私はこの旧アメリカ大使館に足をふみいれた。

時刻は正午に近い。M16自動小銃のマガジンや真新しい機銃弾が、不発の信管をつけたまま砂利のあいだにころがっている。焼けこげた書類の束、パンチングされたテープ。発煙筒の殻、野戦食の空き缶、ありとあらゆる物が散乱している。１階ドアは吹きとばされていた。内部はどの部屋も手あたり次第に壊された形跡がある。ひしゃげたタイプライターと事務用品。オフィスチェアが、スプリングを露出させて倒れている。分厚い扉は金庫室だったのか、内壁が天井までまっ黒にすすけている。ここでは海兵隊員らがガソリンを撒き、爆発物を投げこんで、ひと息に証拠隠滅をしたようだ。窓外では、ソファーや冷蔵庫、焼けただれたリムジン、そしておびただしい量のゴミの山が、強い陽ざしと雨にさらされて朽ちていた。

当時、ホーチミン市と改名されたばかりのサイゴンは、20余年におよんだアメリカとの戦争による疲弊と完全解放の喜びがないまざって、特異な活況を見せていた。

大統領宮殿から東に走る大通りも「4月30日（解放記念日）通り」と改名される準備が進んでいた。その通りを東に数百メートル進んだ左手に大使館はあった。戦争遂行の機能中枢だったアメリカ大使館。窓がまったくない建物だった。

旧大使館の庭の花壇には赤いカンナが咲いていた。そこを通りすぎながら、私はふっと何かを見たように思った。目を近づけてみた。土にまみれてはいるものの、どうやら台紙に貼られた写真のようである。あらためてよく見るうちに私はあっと声をあげそうになった。何枚かの

焼け残った写真

写真には、ここから逃げ出したはずのアメリカ人たちがひしめきあいながら写っている。

大使館員なのだろうか、男たちはベトナム女性を抱きしめて踊っている。ディナーの席に女性をはべらせている男は、笑いもせずにこちらを凝視している。ウェストポイントを出たばかりといった感じの青年士官がいる。彼の胸に顔をうずめた娘は、なじるようなまなざしをカメラに向けたまま動かない。

私は、無人の大使館の中庭で彼らのゴーストと遭遇したかのように感じていた。これらは壁に展示してあったものなのかもしれない。いずれにせよ彼らの脱出まぎわの処分で、焼け残ったものであるにはちがいなかった。スコールと日照りがくりかえされる屋外にあって、乳剤面のゼラチンが、あばたのように噴き出している。その場にすわりこんで、一枚一枚、マイクロレンズで写真を写真に撮る。「ベトナムにおけるアメリカ」の異様な残像であった。あごの先からしたたる汗が、写真の上にポタポタと落ちた。

第3章　枯葉剤

化学兵器「枯葉剤」

アメリカは戦場における劣勢を跳ね返す新兵器として、1960年に化学兵器「枯葉剤」の採用を決めた。核は使えない。だが核のような一瞬の破壊でなく、じわじわとすべての動植物を絞め殺してゆく絶滅効果が見込まれたからである。

米空軍による枯葉作戦（俗称 Operation Hades ＝地獄作戦）は1961年のコンツムでの散布を手始めに、南の全域を対象に71年まで10年間にわたって行なわれた。狙いの第一は解放戦線部隊が拠点としているジャングルを完全に枯らしてしまうこと。第二に解放戦線のために食料を補給している農民たちの作物を全滅させてしまうことにあった。

オレンジ剤と呼ばれて散布した2・4・5－Tなどの枯葉剤には、毒物四塩化ダイオキシンが含まれていた。

（上）枯葉剤で全滅したマングローブのジャングル（カマウ、1976）。
中央の少年は 39 歳まで生きて死亡した
（下）南北境界のビンリン地区。砲爆撃と枯葉剤で村も森も消えた（1974）

人体被害、ベトナムの訴え

問題は、頭から枯葉剤を浴びせられた450万人に上るベトナムの人々の被害である。ダイオキシンは発ガン物質であり、同時にその毒性の強さから緒疾病の原因物質と確認されている。それがベトナムの人々にとどまらず、アメリカ兵や参戦韓国兵の体を蝕んでガンや糖尿病などの疾患、先天障害を引き起こしたことは米国でも認知された。全米科学アカデミー医療部会の20余年にわたるベトナム帰還兵への疫学調査によって、因果関係が認められる疾病28種類が突き止められている。これに罹患したアメリカの帰還兵らは十分な補償金を与えられている。

ベトちゃん・ドクちゃん

ベトナムの中部高原地帯で、最初に枯葉剤が撒かれたコンツムの西方山麓サタイで1981年2月25日に生まれたのがベトちゃんドクちゃんである。

身体が腹部でつながったままの2人に出会ったのは1981年12月のことであった。ハノイの越独（ベトドク）病院の一室。部屋が暖かく、生後10か月の2人は裸の姿だった。見た途端に私は愕然とした。こんな赤ん坊を見たことがない。お腹の片側に2本の足が出ている。反対側には突起があるだけだ。しかし2人とも両手はある。それを絶え間なく動かして声も出している。驚くほど元気だった。

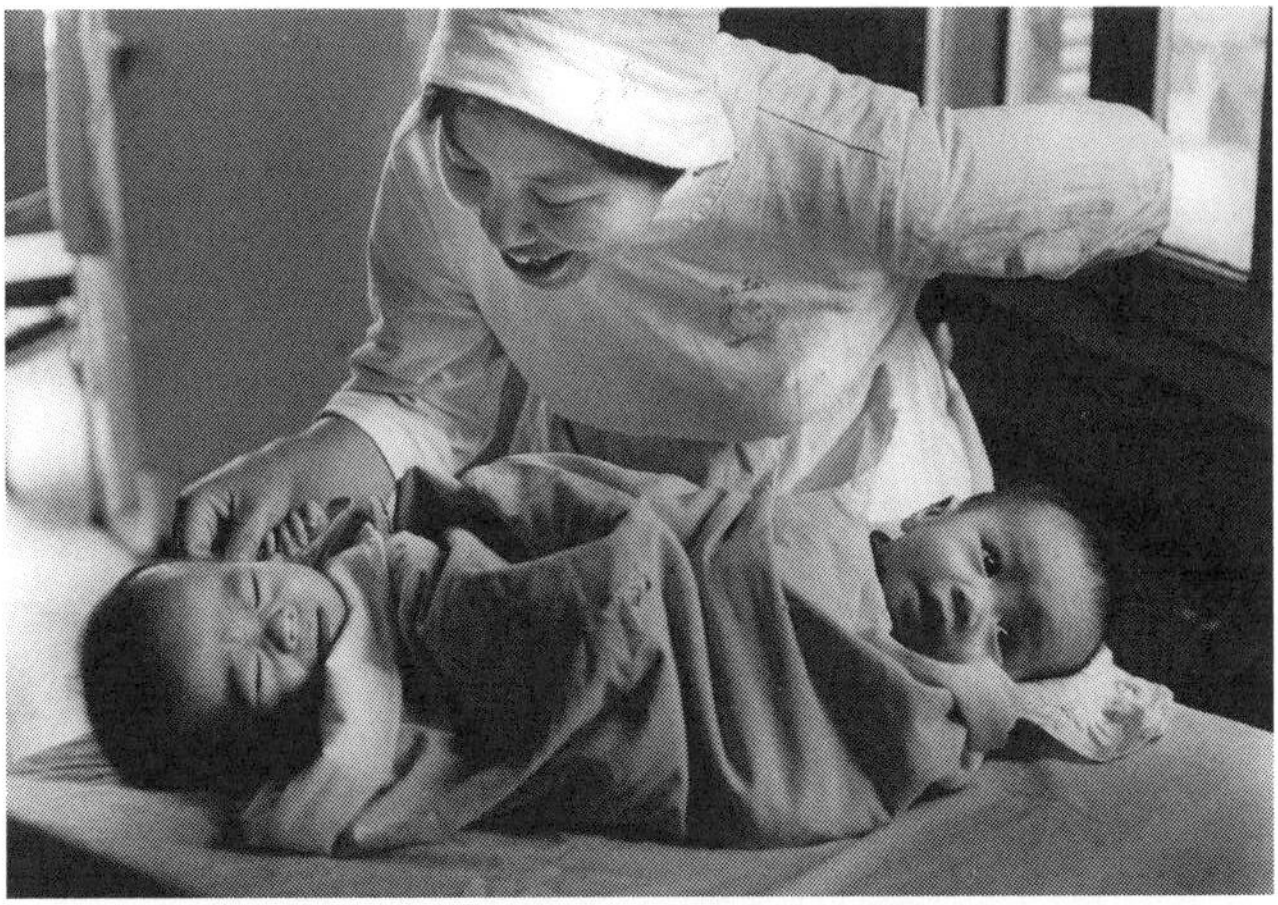

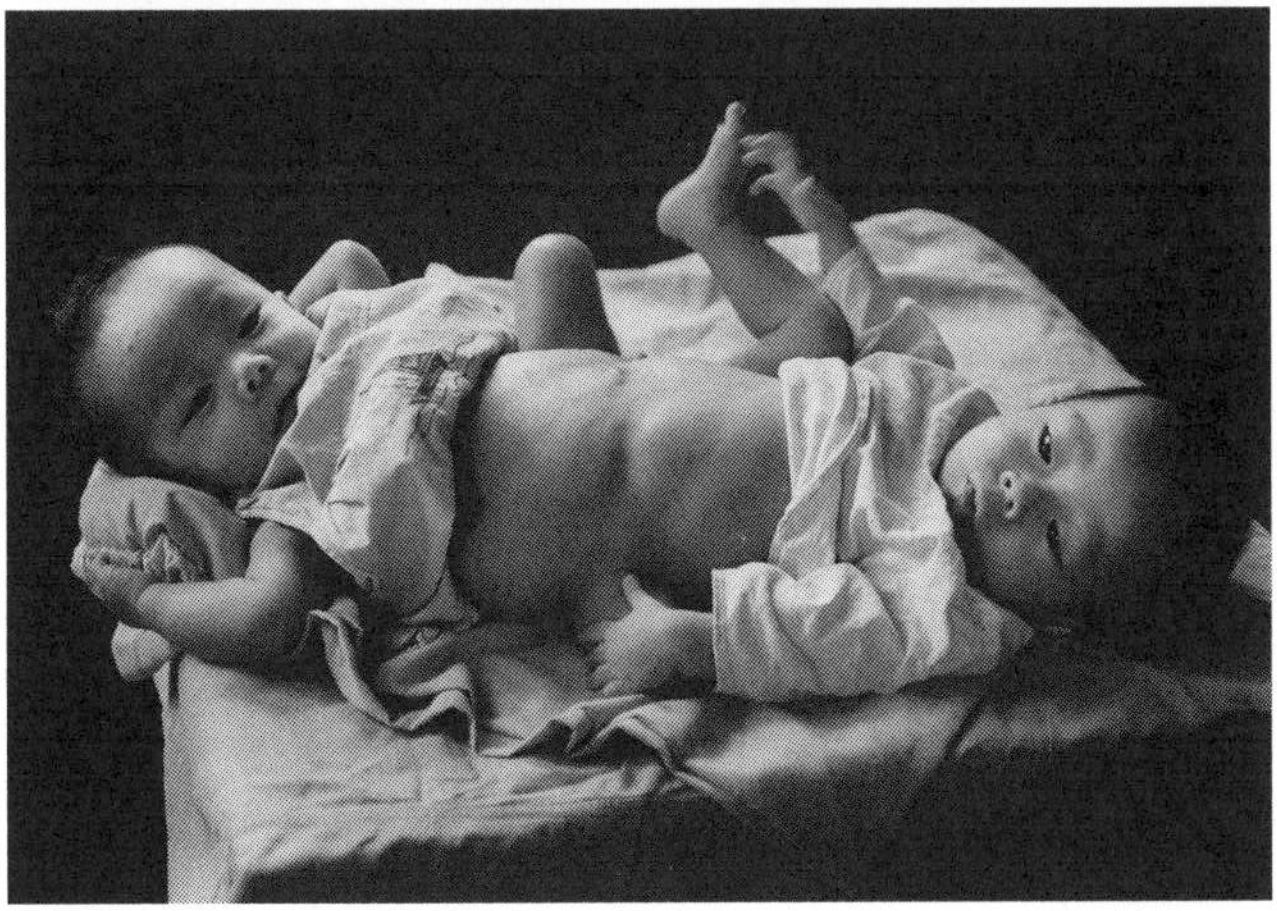

(上)「２人の神経系は別なんですよ」と言ってベトの耳を引っ張る医師、ドクは笑顔
(下) 双子なのに腹部で癒合して生まれた（1981.12 ハノイで）

この子たちは生き延びられるのだろうか、という思いがまずは沸いてきた。リエンという名前の女医さんが「この子たちは2人なのですよ、癒合しているのです。ほら」と言って、ベトの耳たぶを引っ張った。ベトが泣き顔になったのにドクは何も感じないようでニコニコと笑っている。「2人は神経系も、たぶん血管系も別なのです」と医師は続けた。2人にはまだ正式な名前がなかった。バア、ボン（3番目、4番目）と呼ばれていただけだったから、医師たちはアイデアを出した「ベトドク病院で育っているのだからベトとドクにしよう」と。

ちなみに、100万分娩に1例ほどとされる結合体双生児の誕生は南ベトナム各地で確認されていたが、そのほとんどが死亡している。

はじめての分離手術

1988年にホーチミン市のツーヅー病院で行なわれたベトとドク（当時7歳）の分離手術には私も立ち会った。日本からも新聞やTVなど数十人の取材陣が殺到したが、狭い手術室には入れない。ツーヅー病院側は私を指名して手術室への入室を許した。あなたは生まれた時から2人を見守っているから、との理由だった。ほかにはTVカメラが1台入っただけだった。

午前6時にはもう手術の準備が整えられた。私も白衣を着せられた。前夜から病院に置かれ、紫外線照射で殺菌されたカメラとバッグも受け取った。室内には数十人の看護師と医師たちが待機していた。その総人数は70人とも言われたが、医師らは数人ずつ交代で執刀するシフトを

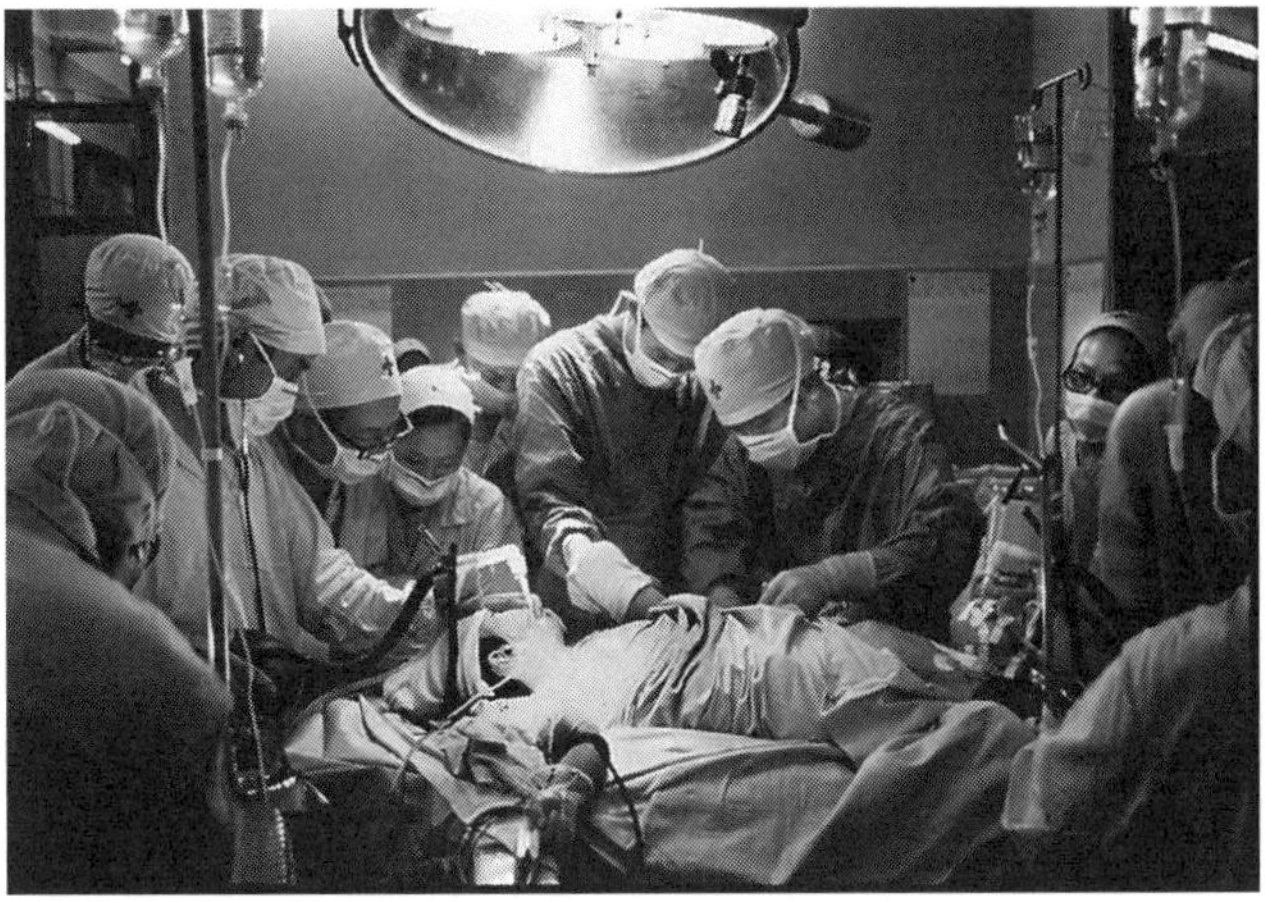

ベトとドクの分離手術（1988）

組んでいた。

日本からは日赤の近衛忠輝外事部長と数人の医師団が応援に来て手術を見守っていたが、室内には入らず執刀はしなかった。経験したことの無い手術であり、「日本側が手を出してもしものことがあれば国際問題となる」という懸念もあっての慎重な対応であった。

最新式の医療機器が日赤から届いていたけれども、人工皮膚など、その取扱いはベトナム側が心得ていた。執刀医に選ばれたのが旧サイゴン軍の軍医たちだったからである。彼らは戦争中に米・テキサスの軍医学校で学んでおり、最新医術をわきまえていたのであった。

ただ、子ども相手の大手術の際は麻酔の加減が重要となる。多すぎても少なすぎても問題が生ずる。子供の体調を見ながらコントロールしなければならないが、これには日赤の老練の麻酔医、荒木医師が関わった。室内に入ったのは彼だけである。ネット情報では「日赤の医師団の援助によって分離手術が成功した」などと記述されているケースがあるが、これを読んで日赤の医師が手術をやったのだと思い込んだ人が誤報をしてしまうことが日本の大新聞で起きたりしている。

手術は早朝から23時まで続いた。そのタイミングでドクが覚醒し、「なんだかな」と日本語でつぶやいたのが不思議だった。広尾の日赤に入院していた前年の夢でも見ていたのであろうか。私は飲まず食わずで17時間、脚立の上でカメラを構えたままであった。私の撮影フィルムは日本電波ニュース社ハノイ支局から東京に送られて、新聞・TV・出版各社に配信された。

手術の成功を聞いて、翌朝ハノイから飛んできた厚生大臣が担当者たちを表彰した。医師・看護師の胸につけられたのは「ホーチミン労働英雄勲章」であった。何年か前まで殺しあう敵であったサイゴン軍野戦病院医師団に、ホーチミンの名がついた勲章が贈られたのだ。日本ではまだ「旧サイゴン軍兵士らがどれほど過酷な仕打ちを受けているか」といったアメリカ発の情報ばかりが報道されていた時期である。なんだか愉快な光景ではあった。

ベトはその後も24時間の看護のもとで26歳まで生きたが、2007年10月、ツーヅー病院で死亡した。

ドクはその翌年2008年にトゥエンさんと結婚した。分離手術に際して、一つしかない臓器がドクに与えられていたことを、ドクは兄のベトに感謝し続けていた。

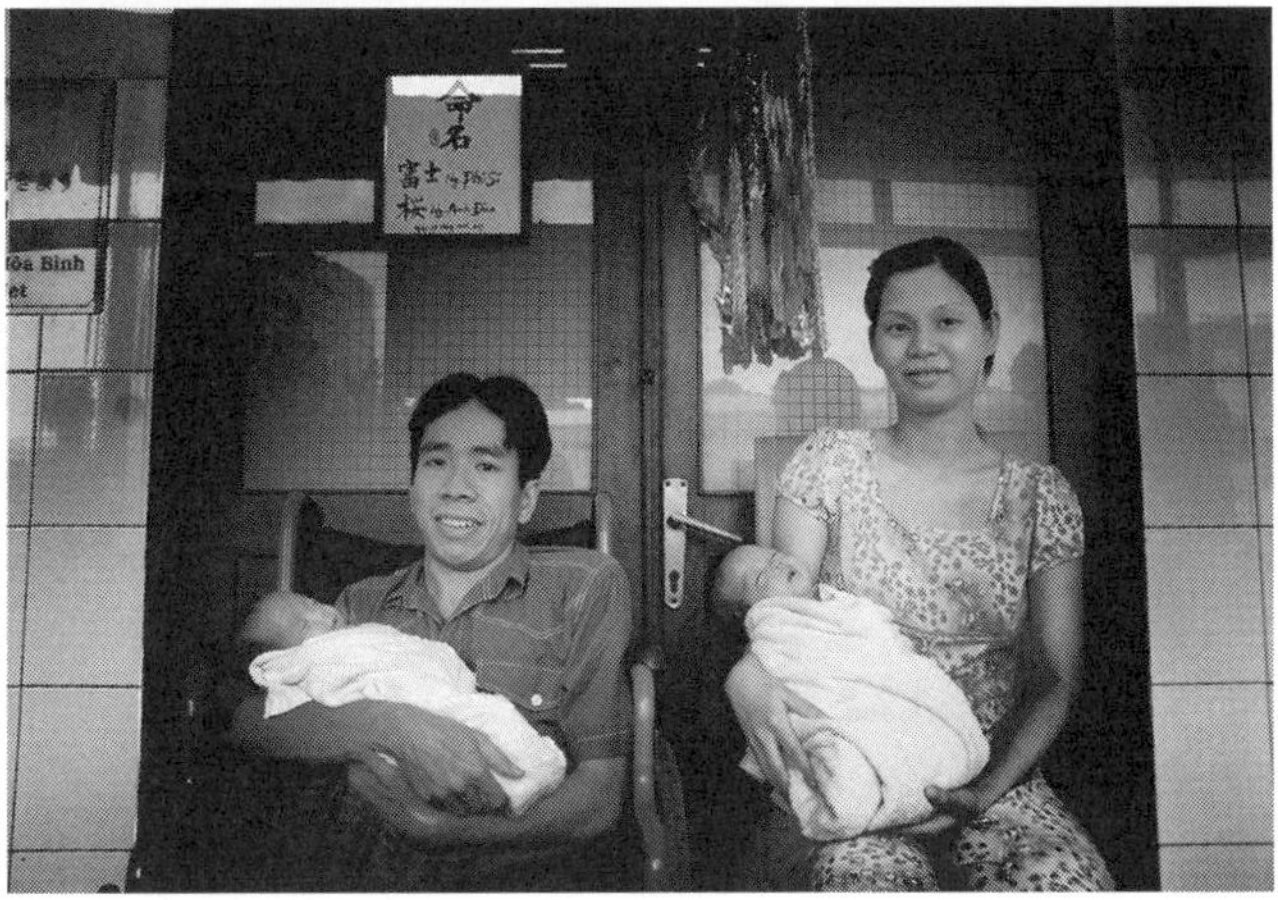

（上）母親代わりだったムオイ婦長とベト、2006年。翌年ベトは他界
（下）ドク夫妻に授かった男女の双子。フーシー（富士）とアンダオ（桜）

無数の先天障害児

ベトドクだけでなく、深い障害を背負った子供たちの誕生がいまだに続いていることに、私たちは注目しなければならない。

枯葉剤を浴びた世代、その子供たち、孫世代と出産異常は続いている。ダイオキシンの毒性はDNA損傷を引き起こす突然変異とは限らず、エピジェネティクスに基づく遺伝情報のかく乱によって隔世遺伝を含む障害を引き起こしているとみなされている。こうした人体被害の実態は拙著『新版・母は枯葉剤を浴びた』（岩波現代文庫）で詳述してあるので、ここではあまり述べることはしない。

ただ、枯葉剤被害者たちの補償要求をアメリカが最終的に拒否したことで、社会保障の不十分なベトナムで被害者たちが苦しい生活を強いられている事実を無視はできない。

1971年に枯葉作戦を中止すると発表したニクソン大統領の〝人道的演説〟には、「これ以上、若いアメリカ兵を危険に曝すわけにはいかない」とあった。だがベトナムの人々への汚染に言及することはなかった。

2003年になってベトナムの枯葉剤被害者たちは、アメリカの連邦地裁に対し「枯葉剤を製造して軍に納めていたダウ・ケミカルやモンサントなどの米化学企業は、ベトナムにおける被害者の救済と補償をしなければならない」「せめてアメリカの帰還兵への補償に準じた対応をせよ」との訴えを起こした。

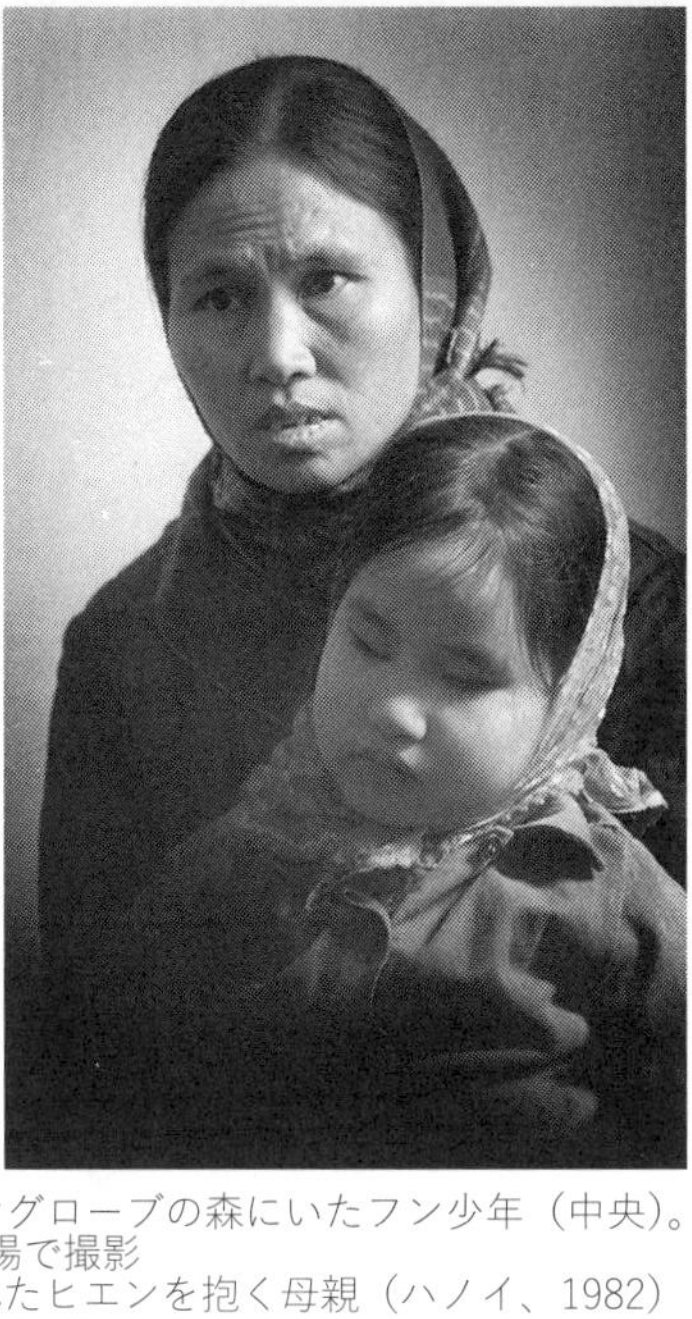

（上）カマウのマングローブの森にいたフン少年（中央）。息子とともに。枯死した森の同じ現場で撮影
（下）全盲で生まれたヒエンを抱く母親（ハノイ、1982）

アメリカ兵のベトナム従軍はせいぜい1年である。その間に汚染されたと認定してアメリカは全兵士への補償を行っている。しかしベトナム人は女性や子供が10年間に何度も浴び、汚染された水や食べ物を摂っており、アメリカ兵とは比較にならないほどの被害を被っている。

枯葉剤を浴びた住民460万、疾病が顕在化したのは100万、障害を持って生まれた子どもたちは今でも15万人というベトナム。その被害者らがニューヨークの連邦地裁に対して起こした訴えに対し、アメリカの司法は6年もかけて論議し、2009年になって連邦最高裁判所が「不受理とする」との結論を出した。その理由は「ベトナム人には疫学調査のデータがないから汚染との因果関係は認められない」というものだった。人体への影響をアメリカ人には認めてもベトナム人には認めないという差別的決定であった。「かつての敵からの、戦時における損害の賠償請求訴訟を連邦裁判所が受理するようであれば、それは合衆国大統領の戦争遂行権限を脅かすことになる」という米司法省の声明に従った連邦裁判所の政治判断であった。

膨大な障害者数

ベトナム枯葉剤被害者協会（VAVA）は2015年6月になって、米化学メーカー26社を再び提訴すると発表した。2014年6月にはフランス在住の元ベトナム解放通信（解放戦線の報道部）記者チャン・トゥ・ガー（75歳）も対米訴訟を起こした。長女の体に先天的な障害があり心不全で亡くなったのは、解放軍の拠点のジャングルでガーが枯葉剤を毎日のように浴

流産・死産の嬰児標本

びせられたのが原因だという申し立てである。フランスの裁判所は「米企業に対してフランスからは科刑できない」という理由で却下したが、VAVAはこのガー訴訟とも手を携えている。

２０１９年1月11日、国連児童基金（ＵＮＩＣＥＦ）はベトナムにおける障害者の調査データを発表した。それによると「2歳以上の人口の７％にあたる６２０万人が障害者で、13％に相当する１２００万人が障害を持つ親族とともに暮らしている」という結果が提示されている。調査は２０１６年から17年の2年間にわたっており、ベトナム政府統計総局と共同で行なったものであった。調査にあたっては新たな手法が取り入れられ、子どもの聴覚と視覚、対話能力、記憶力と学習能力、集中力と感情表現、歩行能力、知的障害などがチェックされた。このうち目立って多かったのは発達障害と精神障害であった。普通教育を受けられずに社会参加の機会も閉ざされるなど、貧しく困難な生活がのしかかっている。

ＵＮＩＣＥＦ代表のレスリー・ミラー氏は「望まれる措置により、身体機能などを発達させることもできようと述べ、社会福祉政策に反映されることを期待する」と指摘している。

こうした枯葉剤被害者・障害者にたいする福祉と救済の責任は、ベトナムだけでなくアメリカも背負わなくてはならない課題であり続けるのである。

２０２５年はベトナム戦争終結50周年である。枯葉剤訴訟は50年たとうが１００年たとうが必ず実を結ぶこととさせなければならない。正義と人道の問題だからである。

米兵たちの枯葉剤被害

枯葉剤にまみれたアメリカ兵

ベトナム戦争の前線から帰ったアメリカ兵たちは、しばらくして原因不明の病気に苦しむこととなった。枯葉作戦が展開される中で戦闘を続けてきたからであった。

米陸軍省の訓練テキストＴＣ３-16には「枯葉剤は人畜無害である。散布した薬剤を浴びた人間への被害は報告されていない」との記述があった。これを読めば米兵は何も怖れることなく枯葉剤をあつかえる。散布した空軍のパイロットも地上の歩兵部隊も、汚染を気にせずに行動した。草木が覆う米軍基地のフェンス沿いにも「ベトコンの侵入を防ぐため」として大量に撒かれ、幅何十メートルもの空白地帯が作られたりしていた。

ダニエル・ロニーは173空挺旅団の兵であった。最前線の激戦の地にパラシュートで降下し、敵を殲滅する命知らずの任務を負っていた。コントゥムに降下し、ダクトの作戦にも参加した。1968年にカンボジア国境沿いのタイニン省で展開された「ボイロイの森」作戦もひどかった。「ヘリから降下してボイロイのジャングルに入った。だが敵の姿は無い。暑さの中で体力が奪われてゆく。雨の中で寝、泥の中で休んだ。森の中の水たまりに顔を突っ込んで水を飲みもした。生き返る感じがした」と彼はフィラデルフィアの自宅で私の質問に答えた。

そのボイロイの森が直前に米軍機が撒いた枯葉剤でびしょ濡れだったことが判ったのは、ベースキャンプに帰ってからだった。軍服も薬剤で濡れていた。別に問題があるとは思わなかった。しばらくして40℃の熱が続いた。カムランの野戦病院に送られたが、検査でマラリアの反応は出なかった。頭髪が抜け手足のしびれがひどくなる。後に知ることとなった、枯葉剤に起因する症状の9種までを発症していた。

アメリカに戻った翌年、1980年に妻のヴァージニアがジェニファを生んだ。右腕がなかった。悔しくて泣いた。ベトナムの子供たちの姿が浮かんで重なり合った。

第1航空隊の偵察兵だったジェームズ・ラッツは、いつも単発のオーワン・バードドッグに乗って敵軍の移動などを空からチェックしていた。当時の米軍基地はどこでもフェンス沿いに枯葉剤を撒いていた。草が茂ると敵ゲリラの侵入のおそれがある。そんな基地に帰投しては水を浴び、食事を楽しんでいた。知らぬ間に汚染していたのである。

帰国後に生まれた5人の子供すべて、先天障害を背負って生まれた。失業のあげくようやく得た職はボイラー係であったが、熱過敏症となっていたジェームズにとっては過酷な仕事であった。

アメリカ政府は当初、兵士たちがいつどこで枯葉剤を浴びたのかを証明せよ、との姿勢で対応していた。だが戦闘の中でそれを証明する書類などは作られていない。結果的にあらゆる基地で自分たちを守るためにフェンス沿いに撒いていたことが判明し、「証明は不要、ベトナム

（右）14歳のジェニファと父ロニー（1994）、彼は癌治療中に自殺（左）結婚後のジェニファとその娘（2012）

右腕欠損で生まれたジェニファ（1982）

ガンに罹患など米兵の枯葉剤被曝を補償せよとのデモを行ったベトナム帰還兵たち（ワシントン、1982）

に従軍した兵は全て汚染されたとみなす」ということになった。結局は全米アカデミー医学部会の疫学調査で示された「帰還兵に表れる疾病のリスト」に符合する病気であれば、すべて救済の対象とするという方針が採用された。その結果、32万人に上る帰還兵が補償金を受け取ることとなった。

枯葉剤はどう処理されたか

散布されずに残った200万ガロンの薬液は、140万ガロンが米領ジョンストン島に運ばれ焼却処分された。焼却専門に改造されたヴァルカナス号は当初カリブの海上で焼却作業を行なったが、ダイオキシンの排出が確認されて周辺国からの抗議がおきたため、ジョンストン島沖での処分となった。そこでのダイオキシン排出は不問のままだ。韓国ではキャンプキャロルの土壌汚染が発覚。38度線沿いの撒布も行なわれていた。

ダナンの旧米空軍基地、ダイオキシン汚染区域を探査する部隊（2012、VNA）

ベトナム各地の米軍基地からも枯葉剤の検出が続いている。

戦後、米軍の枯葉剤撒布機の出撃基地であったダナン空軍基地を徹底調査したベトナム政府は、放置されたドラム缶や貯留タンクから漏れ出した枯葉剤・ダイオキシンが膨大な量に上ることを明らかにした。数10万〜100万ピコグラムに達した土壌汚染をアメリカ側に提示して汚染者責任を追及、無害化処理の責任も全面的にアメリカにあると主張したのである。

2001年以降の米越対話の結果、土壌の浄化はアメリカが行なうことが決まった。その時に米議会で根回しと説得を重ね、4600万ドルの米予算支出案を通したのが共和党のマケイン上院議員であった。高温・高電圧処理でダイオキシンを分解するという新しい土壌浄化方法が採用された。マケインは上院議員として「枯葉剤問題はベトナム人にとって痛切な問題であり、我々は被害者への賠償を引き続き進めていかなければならない」とも発言している。

跡地をコンクリートで固める工程を経て、ダナン空軍基地の除染作業は2019年に終了した。経費は1億1000万ドルに跳ね上がった。2020年からはサイゴンの北東25kmにあるビエンホア空軍基地跡の除染作業に着手している。南ベトナム全体ではフーカットの基地ほか、二桁に上る汚染地が確認されていて、今後の除染作業は何十年もかかるのではないかとも見られている。

枯葉剤被害者救済オレンジ・マラソン

ホーチミン市内を走るオレンジ・マラソン

救済されることの乏しい枯葉剤被害者に対して、私は2018年から「枯葉剤犠牲者支援オレンジ・マラソン」を企画し、ホーチミン市の市民マラソンに合流する形で実行している。フルマラソンから5kmマラソンまで、ランナーは力に応じて参加できる。どの国際マラソンも同じだが、参加者は150ドルほどの参加費を払う。主催者の同意を得て、その1割あまりを救済資金としてベトナム側の障害者を含む市民団体に渡すやり方がとられている。

Qちゃんこと高橋尚子さんの応援もあり、NHKのニュースでも取り上げられたので期待は膨らんでいる。参加ランナーが多ければ多いほど救援金も増えてゆく。参加者は100人でも1万人でもと期待しているところだ。

沖縄の枯葉剤

問題が続いているのが、米軍基地と沖縄の関係である。1972年に沖縄返還が実現したとはいえ、米軍は沖縄に居座り続けた。それどころか、日本各地の米軍基地が沖縄に移動集中した。

沖縄最大の嘉手納米空軍基地から1987年に返還された小さな区画は、その後沖縄市の市民と子供たちのためのサッカー場となっていたが、2013年6月になってそこから錆びたドラム缶が発見された。

たまたま私は那覇で枯葉剤写真展を開いていた。琉球新報の小さな記事に「沖縄市で少年サッカー場の土壌掘削現場からドラム缶が掘り出された」というものがあった。編集局に電話して問い合わせると「現場は見ていない、現地からの情報があったので記事にした」という返

嘉手納の返還跡地、サッカー場から出てきたドラム缶「Dow Chemical Co.,」の文字がある（2013）

答であった。このドラム缶は怪しい、と感じた私はすぐに現場に行ってみた。

青いシートに覆われたドラム缶を見てみると、枯葉剤製造化学企業ダウ・ケミカルの文字が入っているではないか。

このサッカー場は米軍嘉手納基地から返還された土地に作られたスポーツ施設であった。嘉手納はベトナム戦争中、枯葉作戦機も飛ばしていた基地である。この発見に私は警戒もした。私ひとりのスクープとして発表すると沖縄の防衛施設局がドラム缶を素早く処理してしまう。そこで現場から沖縄のメディア各社に連絡して「みんなで確認して一斉に報道しましょう」と呼び掛けた。そうすれば簡単に隠すわけにはいかなくなる。同時に沖縄市の東門市長にも電話して「ドラム缶の内側をサンプル取りし、周辺土壌も採取して愛媛大学農学部にダイオキシン

琉球新報
THE RYUKYU SHIMPO
枯れ葉剤用か
米製造大手名を
沖縄市のドラム缶
市教委が調

「琉球新報」2013年6月18日

の検出を依頼すれば枯葉剤が入っていたか否かが判明する」と伝えた。

翌朝の沖縄各紙は一面トップでドラム缶の枯葉剤を報じた。

1か月ほどして結果が出た。ドラム缶の内容物と周辺土壌からは枯葉剤2・4・5-Tとダイオキシンが検出された。ダイオキシンは2・3・7・8-TCDD（四塩化ダイオキシン）であり、それは2・4・5-Tに特異的に混入していた発ガン物質であった。

そうした証拠があるにもかかわらず、米軍当局は「枯葉剤を沖縄に搬入したことを示す書類がない」という報告書を軍のコンサルタント（A.L. Young）に作らせ、それを根拠として、サッカー場から検出されたものが枯葉剤であることを否定しようとしてきた。書類どころか現物が出たのに、である。サンプル調査をした沖縄防衛局は「2・4・5-Tやダイオキシンは見つかったが2・4-Dが検出されない。だからエージェント・オレンジ（オレンジ剤）ではなく、枯葉剤とはいえない」との不可解な説明を2013年8月に行なった。枯葉剤の主剤は2・4・5-Tであり、2・4・5-Tの検出は枯葉剤そのものの存在を意味する。色別に9種類ある枯葉剤のうちピンク剤とグリーン剤は2・4・5-Tのみでできている枯葉剤である。

他のほとんどの枯葉剤も2・4・5‐Tを主にして2・4‐Dなどを混ぜている。どちらも使っていないのは砒素剤であるブルー剤だけだ。オレンジ剤は最も大量に使用された薬剤であったために、米軍は俗称として枯葉剤全般をオレンジ剤と呼んでいたに過ぎない。だから、オレンジ剤でなければ枯葉剤ではないとの主張は成り立たない。

人体被害の調査は喫緊の課題

その後も発見は続いてドラム缶は108本に達し、2015年6月の発表では缶の付着物から2・4・5‐Tと2・4‐D、周辺の水質から環境基準の2万1000倍ものダイオキシン汚染が見つかっている。隠蔽はもはや不可能となった。

重大なのは人体に対する影響である。日本政府は、沖縄の枯葉剤をベトナム政府のように徹底調査し、アメリカ側に浄化の要求を突きつける毅然とした対応をしなければならないはずである。国は県民を断固守るのだという当然の態度を示すべきなのだ。

沖縄における投棄ドラム缶の発見・発掘はこれまでも各基地で度々くりかえされてきた。だがダイオキシン検査は一度も行なわれてこなかった。すべて産廃処理業者の手にゆだねられ秘かに処理されてきたというのが実態だ。

遅すぎたとはいうものの、今からでも健康被害が調査されなくてはならない。地域ごとの死因別死亡率調査が、ガンなどの多発地点を見出すかもしれない。それへの補償も当然のこととなる。

沖縄市・市民サッカー場のダイオキシン汚染現場はかつて、米軍の廃棄物投棄場であった。7月1日に再訪してみると、掘り出された膨大な土が山のように積み上げられている。飛散防止としてシートがかけられていたが、ダイオキシンで汚染された土壌は、ダナン基地の例でもわかるように完全に無害化処理をする以外にない。土に混入したダイオキシンは、そのままでは何千年でも分解せずに残るものであるからだ。

サッカー場跡に積み上げられたダイオキシン汚染土壌（2015年5月）

沖縄市の市議会筋によると「サッカー場から出た汚染土は、沖縄で処理できるものは処理し、できないものは本土の業者に渡す」のだという。ここにはダイオキシン汚染土壌をどう扱うべきかという認識が完全に欠落している。通常のゴミ処分程度の発想しかない。沖縄ではダナン基地のように完璧に処理できる業者がいない。本土であろうがそれは同じで、産廃処理業者に渡して埋設処分などを依頼してはならないものなのである。

当時沖縄を直撃した台風9号では、シートがめくれ上がり、汚染水が現場を水浸しにする事態となった。その水はポンプで汲み上げられて川に放流された。その後にシート上に溜まった汚染水25トンも、防衛局は安全だとして大道川に放流した（琉球新報8月6日）。現状のままでは雨のたびに汚染水は生ずる。

折しも沖縄県議会の特別委員会は7月8日、辺野古埋め立てに伴なう土砂の、本土からの搬入を規制する「県外土砂規制条例案」を可決した。11月1日に発効する条例だが、防衛省では埋め立てに県内や九州、山口、香川から2100万㎥の土砂・「岩ズリ」を持ち込む計画であった。そこで浮かび上がりかねないのが、沖縄市に積み上げられている汚染土壌を埋め立てに使ってしまおうという危険な構想だ。

汚染が発覚する前、すでにサッカー場の土の一部は北谷町に埋め立て用土として渡されてしまっている。現在、汚染土を管理しているのは辺野古基地建設を進めている沖縄防衛局である。私が青いシートに覆われた土の山を撮影しようと近づいただけで「危険だ、やめろ」と阻止したのも防衛局員であった。土壌にはシートをかけてあるだけで、粉塵が風に飛ばされたり雨水がしみこんだりするのを防ごうとはしていない。そんなずさんな状況にしておきながら、何を「近づくのは危険」と見なすのか。彼の本心は「撮るのをやめろ」だったに違いない。

掘削工事やダイオキシン汚染調査の費用もすべて防衛局の予算から出ており、予算に余力のない沖縄市の財政としては防衛省に依存せざるをえないのだという。沖縄市独自の汚染調査も、2014年に東門美津子市長が退任して新市長に代わるとともにやめてしまっている。防衛局は「枯葉剤ではない」と発表したまま、なし崩しに〝心配のないただの埋め立て用残土〟扱いとするつもりだったのだろうか。

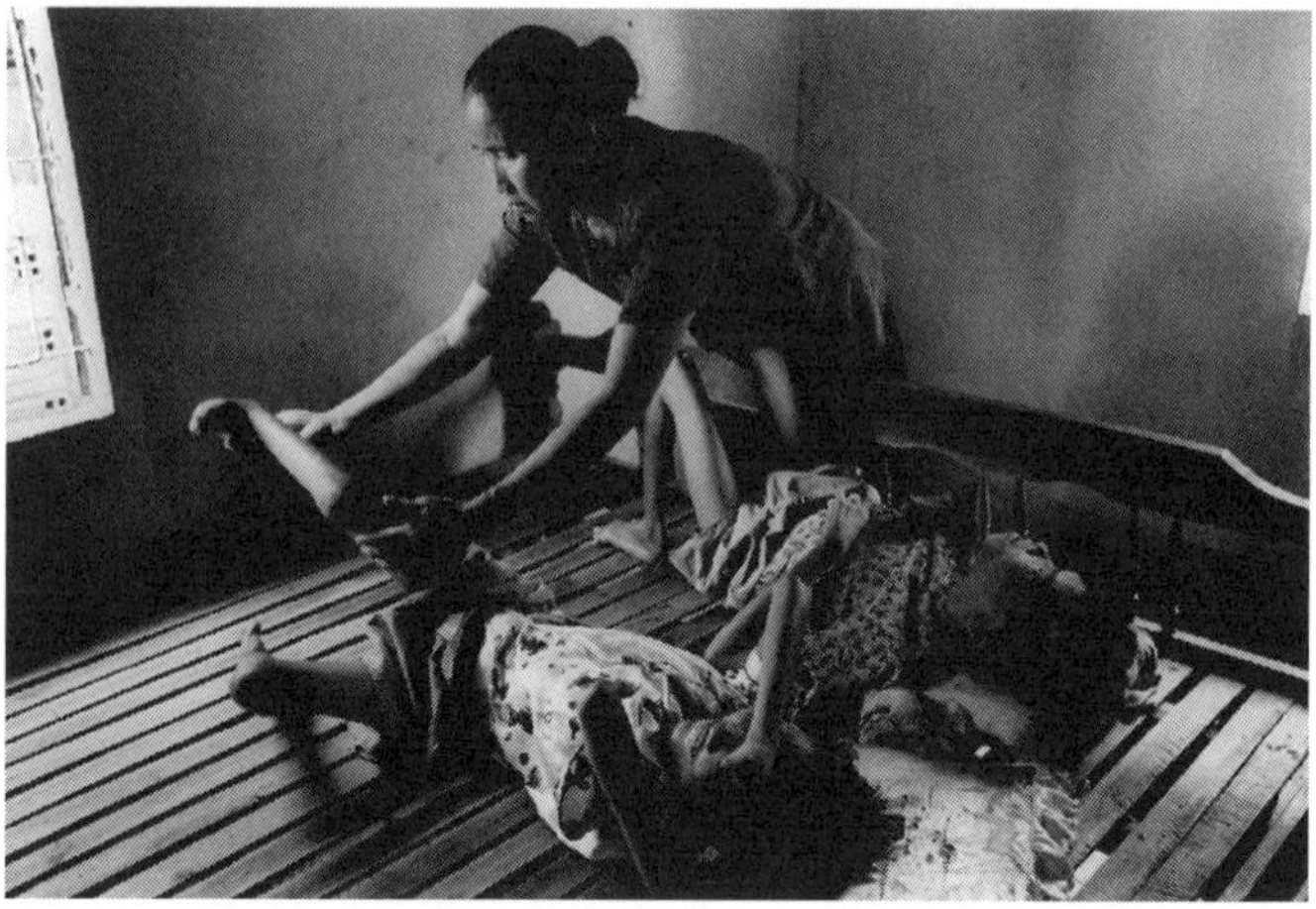

ビエンホア米軍基地周辺の汚染魚介によって、障害児を抱えた母親

これらの処理経費はすでに9億円以上が費やされているという。

キャンプ・キンザーのダイオキシン汚染

2023年2月、沖縄のキャンプ・キンザーの土壌がダイオキシンで汚染されていることが発覚した。この事実は2019年に米国に報告されていたが、キンザーの海兵隊がこれを隠蔽しようとしていたことも沖縄タイムス（2月9日）の報道で明らかとなった。

報告書によると「ベトナムから運ばれた化学物質によってキンザーは汚染された。18年の米海軍海兵隊公衆衛生センターによる調査によって一部の地点で米環境保護局（EPA）が定める住宅地域で発ガン性の詳細な調査が必要とされる基準値よりダイオキシンが520倍、ヒ素は51倍、PCBも41倍上回った。土壌汚染が子供や地元の屋外労働者の健康に被害をもたらす恐れがあることを示した」。キンザーは2025年度以降の全面返還が日米間で合意されている。

　問題は日米地位協定では米軍基地の汚染の浄化について、米側は責任を負わないとしている点にある。汚染を回復したければ日本側がやれということなのだ。浄化は汚染者負担だという世界の常識さえ入っていない。ドイツやイタリアがアメリカと結んでいる基地協定では、米軍は各国の国内法を遵守することとなっていて、米軍の経費負担で汚染は除去されている。日本だけがこのような屈辱的な協定を押し付けられているのに、日本政府は改定さえ求めていない。

　現在、米軍基地から流れ出る有機フッ素化合物PFASの汚染も広がっており、発ガン性があるだけに住民の健康被害が懸念されている。それは沖縄にとどまらず、東京の米軍横田基地などでも状況は深刻化している。23年1月31日の東京新聞によれば、地下水を水道水に使用している多摩地区で、一部住民の85％が米国のPFAS血中濃度指標値を超えたことが判明している。横須賀の米軍基地や厚木基地、航空自衛隊浜松基地でも汚染は発覚した。

　軍事基地によって住民の健康被害が生じているケースは、沖縄だけの問題と見ていてはいけないのである。

イタリア・セベソのダイオキシン汚染

１９７６年8月10日におきたイタリア北部セベソのイクメサ農薬工場爆発事故では、ダイオキシンが周辺11か町村に飛散している。枯葉剤の原料にもなる有機塩素系の化合物を作っているうちに、反応炉の温度が上昇して中身がダイオキシンに変化してしまい、そのまま爆発したということであった。１９８４年に現地に行ってみると、防護服姿の作業員たちが飛び散った残骸を一つひとつ拾い集めていた。

近くの住民や子供たちの体に異変が生じた。最初に出たのはクロルアクネ（塩素ニキビ）であった。ダイオキシンなど有機塩素系の毒物が体内に入った場合に現れる症状である。呼吸器の異常を示す人々も現れる。流産が多発したのもベトナムと同じであった。何年か後にガンを発症した人々もでた。

よく似た爆発炎上事故は日本でも起きている。農薬工場に限らない、薬品工場でもプラスティック工場でも、火災が起きればダイオキシンが発生する。住宅地の火事であっても、家屋の建材に塩化ビニール系のものが使われているから同じように危険である。火災現場では一酸化炭素だけでなくシアン系の毒ガスも出るから、室内の人間は焼け焦げる前に死亡したりする。だが日本ではどこで起きた爆発や火災でもダイオキシンが出たかどうかは調べていない。

セベソのダイオキシン汚染現場で汚染された土壌を扱う作業員の姿(1983)

ドイツを車で移動しているとき、火事に遭遇したことがあった。警報が響き、何キロも手前なのに道路は通行止めとなった。警官に「爆発の危険でもあるのか」と聞くと、「ダイオキシンが発生している可能性があるから、しばらくは通過できない」との返事だった。その当時デュッセルドルフ空港でも、天井裏に貼りめぐらされた塩ビ被覆の電線が燃えて、空港ビルのかなりの部分が何か月も立ち入り禁止となった事故が生じていた。電線の金属銅が触媒となってビニールの塩素が反応、ダイオキシンを生成するのである。火災発生時にはその建物だけでなく消防士や周辺住民の危険まで考慮されているのがドイツであった。

ダイオキシンが降り注いだセベソの汚染表土は削り取られて数百本のドラム缶に封入された。イクメサ工場と親会社のホフマン・ラ・ロシュはその処分を産廃処理業者に依頼した。業者はアフリカのいくつかの国に貨物船に積んで持ち込もうとしたが断られ、ドラム缶はその後行方知れずとなった。

何年かしてフランス北部のドイツ国境に近い村、アンギルクール・ルサールでそれは発見された。畜産農家の大きな納屋の中に隠されるように置かれていたのであった。フランスは軍隊を出動させてこれを回収、ロシュ本社の責任を問うべく、スイスにあるロシュの工場敷地内に強制的に運びこんでいる。ロシュは、とりあえずこれを遮断型処分場に封入する措置をとった。

この事件はフランスやイタリアだけでなく、全ヨーロッパを震撼させるものであった。ダイオキシンに汚染された土壌などの処理は、このように厳正でなければならないというのが、世界の常識なのである。

日本全土の枯葉剤汚染

三井東圧大牟田工場で量産された枯葉剤

ベトナムで散布された枯葉剤は、60年代末から70年代にかけて日本で農薬として公然と使われていた。三井東圧大牟田工場は2・4・5-Tを当時量産しており、米軍がベトナムでの散布に不足をきたした中で、オーストラリア経由でベトナムに送られていたことが、国会で社会党の楢崎弥之助代議士の追及によって問題となっていた。米軍の枯葉作戦に日本が加担してい

三井東圧大牟田工場（1995）

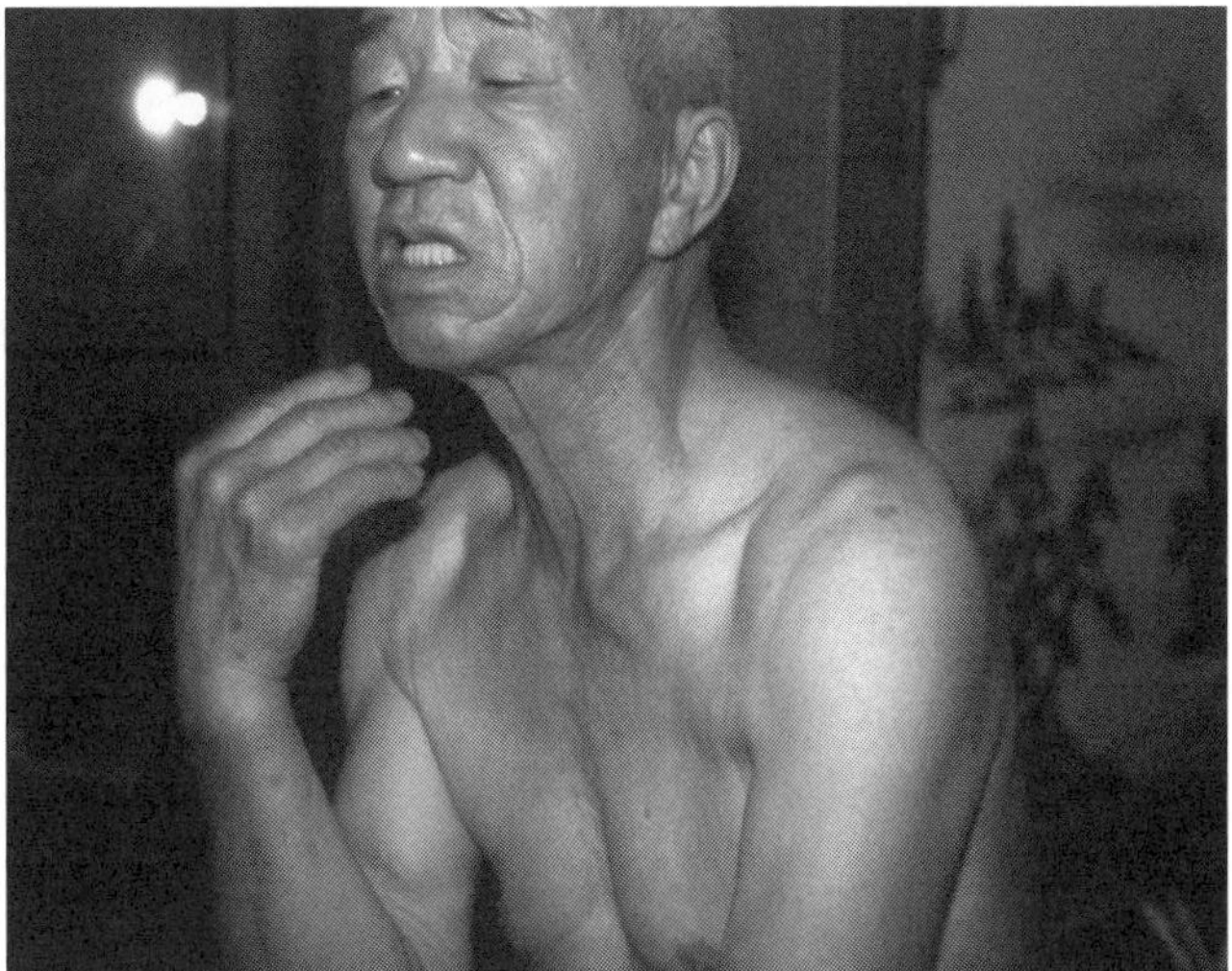

三井東圧で人体実験の対象となった久保さん。塩素ニキビ痕があった

たのだ。その後、大牟田工場の敷地を流れる川の底泥からは39万ピコグラムものダイオキシンが検出された。

さらに重大なのは、三井で作られたものが水田除草剤として、全国に流通していたことである。稲が枯れない程度にまで水で薄めて使用することとされていた。私は人体影響がどのように出たかを調べようとしたが、薬剤を購入・頒布した農協は局地的でなく全国に及んでいたため、追跡できないままとなった。それは全国民がまんべんなく汚染されたことを意味していた。

三井東圧の労働者の中でもダイオキシン被曝の症状は顕在化していた。生産ラインで働いていた久保さんらは、全身にでたクロルアクネ（塩素ニキビ＝ダイオキシンなどを体内に取り込むことで発症する）に苦しめられていた。会社は当時、ダイオキシンが人体にどのような影響を示すかを探るため、労働者の肌に2・4・5－Tを塗り付けるなどのパッチテストを行なっていた。人体実験である。久保さんもその被験者の一人であった。

林野労働者の悲劇

一方で、枯葉剤を大量に使用していたのが林野庁であった。全国の国有林で下草を枯らすために各営林署に配布、林野の労働者は危険を知らぬままに手作業で散布をつづけていた。粉剤を噴霧器などでばらまき、炎天下、無防備のままの作業者は「頭の先から真っ白になるほど」の撒き方となっていた。

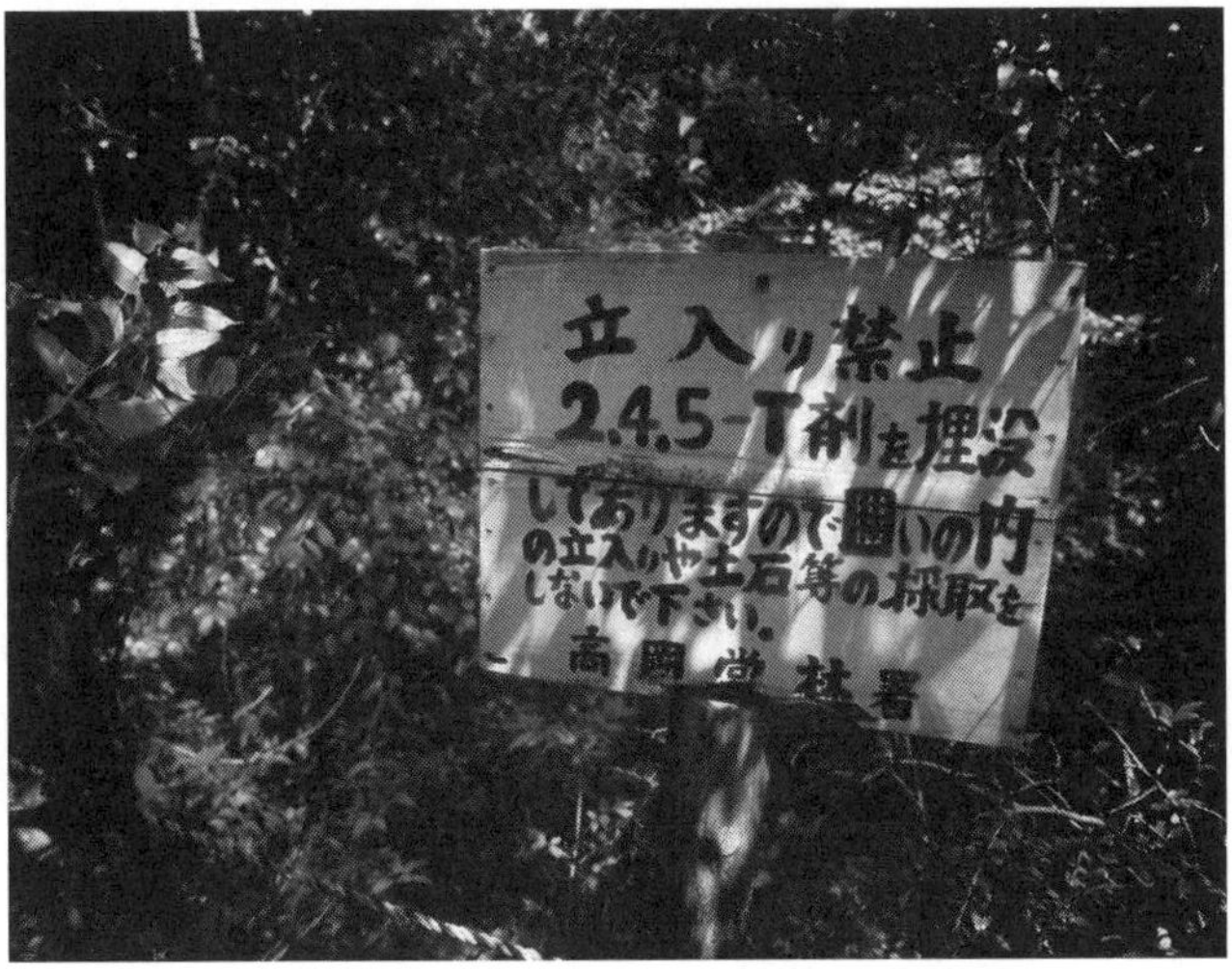

ダイオキシン入りの2.4.5-Tを埋めた現場（宮崎・高岡）

１９７１年になってアメリカがベトナムでの枯葉作戦を「ダイオキシンで米兵が危険にさらされる」として中止したことが伝わると、林野庁は慌てて使用禁止を通達、「当薬剤は廃棄。国有林内にセメントで固化して埋設すること」などと指示した。現場は、前日まで使っていた除草剤がそんなに危険なものだったことに驚く。ビニール袋に入れたまま、あるいは一斗缶に入れて穴に埋めた。

１９９５年10月、私は宮崎営林署管内の林地を取材した。山中の現場には「２・４・５-T剤を埋設。立入り禁止」の看板が藪の中にひっそりと立っていた。

この地区の国有林はほとんどが杉であった。地面を這う笹や樹木に絡みつく葛が杉の生育を妨げる。ササゴロシなどの別名で呼ばれる枯葉剤は、極めて効果的にそれらの雑草を枯

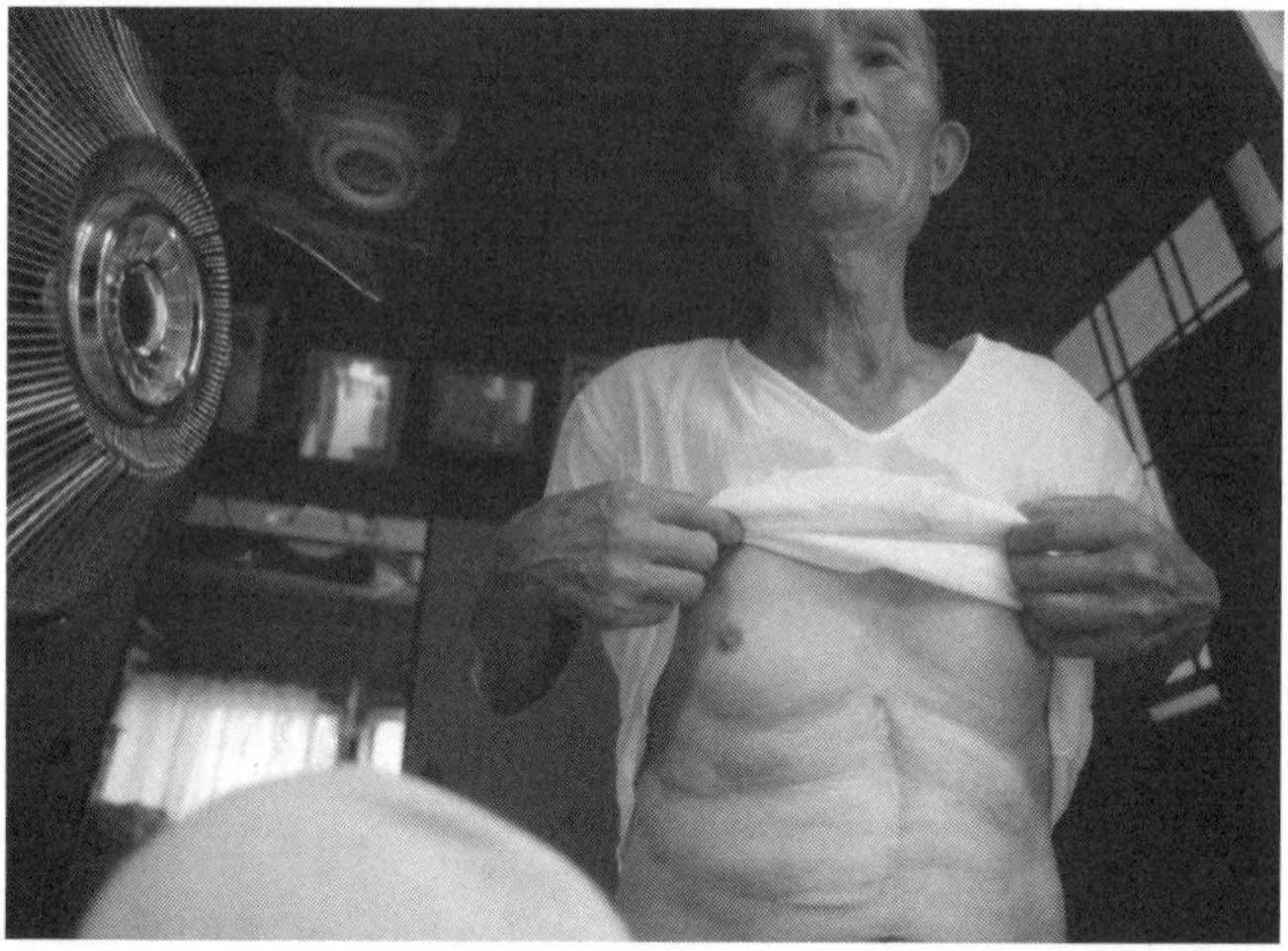

肝臓ガン手術跡を見せる高岡の長友さん

死させた。全林野労働組合は宮崎営林署管内で散布を担当していた7人がガンになり、死亡したことを発表していた。

高岡営林署で働いて死亡した10人のうち7人は肝臓ガン、肝機能障害、肺ガンが死因であった。肝臓障害の疑いがあると診断された労働者は75人中32人に達していた。当時この枯葉剤（枯殺剤）は人畜無害とされ、宮崎では１９７０年だけで粒剤で33トンも散布されていた。

高岡の「内の八重」地区は国有林のふもとに位置する集落であった。森を経て流れ出る湧水が、かつて人々の上水源であった。そこで暮らす人々の間でもガンは広がっていた。黒木林さん（60）とツマ子さん（55）夫妻はともに肝臓障害で苦しんでいた。営林署の仲間が２人、ガンで亡くなったと言う。近所の長友辿さん（74）は肝臓を手術したが体調不良が続いていた。腹部にはメスで裂いた40㎝もの手術痕が赤く残っていた。染谷スミ子さん（66）は13年前に夫をガンで亡くしていた。「ここらではみんなガンで死ぬと」と苦しそうに話した。発症した人々の調査も救済も国はしていない。取材に答えてくれた人はその後だれ一人生き残っていない。

流れ出ているダイオキシン

全国の営林署は当時３６０か所存在した。そのすべてで埋設が行われたかどうかは判明していない。現在判っているのは54地点で埋まったままになっており、腐食して穴があいた容器からの流出、地下水汚染が始まっているとみなされている。

１９８４年5月13日の全林野四国地本の発表によれば、愛媛県北宇和郡津島町の埋設地点を掘り起こしてみたところ、地下１・５mから18リットル入り缶３本が発見されている。だがいずれも腐食して缶に穴があき、中身がすべて流失していた。『前衛』２０２２年6月号によれば、後の調査で土中から２３０ｐｐｍの２・４・５-Ｔと１５ｐｐｂのダイオキシンが検出されている。鹿児島県の屋久島では穴を掘って２・４・５-Ｔをそのまま埋め、土をかぶせただけの処理となっていた。

東京新聞の報道によると、青森営林局は１９８４年5月16日、管内5営林署が７２７０kgの２・４・５-Ｔを埋めたと発表した。だが、埋めた手法も袋のまま穴に入れたというものであり、埋設地点も特定できなかったという。

こうしたずさんな処理が50年あまりもの間放置されてきたことに対して、国民の健康を顧みなかった行政の責任が問われるのは当然である。地下に滲みこんでしまった毒物の浄化には莫大な経費が掛かる。農水省が見積もっている1か所1億円ほどという見積もりは、甘いと言うしかなさそうだ。

2022年1月21日、NHKはドキュメンタリー番組「誰も知らない日本の枯葉剤汚染」を放映した。ここまでに私が書いてきたような事実を克明に追った25分の番組であった。

ところが、この番組の放映は九州と沖縄地区に限定された。日本全国の国有林が汚染源である大問題なのに、全国放映されない。農水省が取材を不快に思っているようだという噂も聞こえてくる。こんな重大事を国民に知られないようにしようという意図が働いているとすれば、これもメディア締めつけと見るしかない。一刻も早く全国放映としてほしいものである。

カネミ油症はダイオキシンによる人体汚染事件

日本におけるダイオキシン被害の実例としてはさらに、「カネミ油症事件」がある。1968年に発覚したこの事件は、カネミ倉庫が製造した米ぬか油を食べた人たちに起きた大規模なダイオキシン摂取事件である。米ぬか油の中に混入していた有害なPCBは、ダイオキシン類のジベンゾフランを含んでいた。無味無臭のそれを天ぷらや揚げ物などに使って食べた人びとがクロルアクネ（塩素ニキビ）を発症した。症状は内臓から骨、歯などにも表れ、ガンになったり流産・死産も引き起こした。西日本を中心に1万5000人もの人々が被害届を出した。半世紀を超すこの間、油症患者から生まれた子供たちの被害も深刻化している。色素沈着で〝黒い赤ちゃん〟が生まれたケースもある。しかし今日までに認定された患者は2300人余りでしかない。2世・3世の救済はされないままだ。「油症研究班」が決めた基準によって被害者が切り捨てられる仕組みとなっているためだ。

2019年8月に京都で開かれたダイオキシン国際会議には私も参加した。45カ国の研究者らが集まっている。そこで認定患者のひとり下田順子さんは、自分自身と家族が苦しめられてきた経験を切々と訴えた。会場後列に座っていた長女の恵さん(30)は、生まれつきぜんそくや湿疹に悩まされてきた。母親が話すその内容にうなずきながら、翻弄された人生をかみしめているふうであった。

カネミ米ぬか油

会議に熊本から参加した藤野糺医師(77)は、愛知県在住で五島列島出身の患者と家族の実例を報告した。69歳になる患者の女性と5人の子供、3人の孫全員が「血小板無力症」になっていた。出血すれば血が止まらなくなる疾患である。しかし子どもたちは米ぬか油を直接食べてはいないため、ダイオキシンの血中濃度が一般の人と変わらない。基準ではその濃度が重視されているため、子どもらの認定申請は却下されている。

枯葉剤のダイオキシンを浴びたベトナムでも同様の事態が起き、ベトナム帰還米兵も血中濃度に問題がないケースばかりだが、いずれの国でも認定患者とされている。濃度と関係ない「エピジェネティクス」の作用による後遺症が認められているからだ。日本は次世代を含む全面救済を一日も早く行なわなくてはならない。

台湾のカネミ油症

台湾は、日本の植民地支配時代にも汚染を被っている。

鐘淵曹達工業株式会社が台南市郊外の安順にソーダ工場を作ったのは1938年であった。43年に工場は完成、苛性ソーダの生産を開始した。水銀式電解装置で海水中の食塩を分解、ナトリウムを取り出すのが主たる工程であった。その間の水銀汚染も存在する。

戦後になって工場は台湾政府所有となり、1965年から78年にはPCPペンタクロロフェノール（ダイオキシン類の一つ）も生産した。82年まで操業して潰れるが、この間に出された工場廃液が汚染を引き起こした。周辺住民の健康被害が表面化し、台湾政府は「見舞金」を出す。鐘淵化学はこの地でも戦前から汚染の淵源となっていたのである。

2019年夏、私は台湾の現地に取材に入った。そのレポートは別の機会に改めてまとめ、発表するつもりである。

第4章　ウクライナとベトナム、米・ロによる侵略の手口

ロシアのウクライナ侵略

２０２２年２月24日にロシアはウクライナ侵略を開始した。１９９１年にウクライナがソ連から独立して30年あまり、ウクライナの人々は国民としての意識を熟成させていた。プーチンが「ウクライナもロシアも同じ民族、キーウを叩けばすぐに降伏するだろう」と考えたとすれば、それは浅はかな読みだった。ウクライナ国民はゼレンスキー大統領による抵抗の呼びかけに応えて、「国土防衛・徹底抗戦」で団結してしまったのである。

ＮＨＫ「ウクライナの72時間」によれば、24日の侵略以前にロシアはゼレンスキー暗殺計画を発動していた。それは多彩に組み立てられていた。車に爆弾を仕掛ける、スナイパーを侵入させる、大統領府に入る地下通路の掘削など、試みは13回も繰り返された。大統領が国外に逃亡したとの偽情報も流された。ロシアのセレン国防長官からは、降伏を促す連絡も来た。

ウクライナをひねりつぶせると信じていたロシア軍は、首都キーウの占領も確信し、２００

人ほどのロシア将校が勝利の宴会を開くからと、キーウのレストランを予約していたほどだという。抵抗はなく、市民が花束を持って迎えるだろうとさえ考えていた。

こうした誤認はロシアがウクライナに送り込んでいた諜報員メドベチュクが「プーチンが喜ぶ情報ばかり」を上げたことによって起きたのだった（東京新聞2023年3月9日）。

ゼレンスキーは4人の側近とともに地下壕を出て、路上で「徹底抵抗」を国民に呼びかけた。「私はここにいる」と。その時彼が着ていたポロシャツは、兵士が軍服の下に着る戦闘用の下着である。いつでも戦場に向かうぞという姿を示したのだ。

ゼレンスキー（大統領のフェイスブックより）

ロシアによるミサイル攻撃が始まったが、1か月前にロシア軍侵攻の情報を掴んでいたウクライナ軍はすでに移動していた。プーチンがキーウを完全制圧すべく急派したロシア軍第200空挺旅団の精鋭は、待ち構えていたウクライナ軍に多くを殲滅させられている。

ウクライナの抵抗は西側の代理戦争か

「NATO拡大を目指してきたアメリカの代理戦争をやらされているのだ」という情報も流れ続けた。アメリカは大量の兵器をウクライナに注ぎ込んでいる。ゆえにこれは代理戦争なのだという説である。

しかし本当にそうなのか。代理戦争だという理屈は、侵略する側が流すプロパガンダの一つである。代理戦争説を浸透させれば侵略された側の人々の抵抗意欲を挫くことができるし、支援も躊躇することになるからだ。

ロイターの2023年1月17日の報道によれば、ロシアのペスコフ大統領報道官は、ロシアの兵力150万人の増強決定は「ウクライナへの重火器供与を進める西側諸国による『代理戦争』のため、改革が必要になった」からだと説明している。ウクライナがやっている抵抗戦争はアメリカの「代理戦争」だという主張は、侵略を正当化するためにロシア側から流されているものなのである。

ベトナム戦争でもバラまかれた「中ソの代理戦争」論

アメリカとの戦争中、ベトナムは様々な物資の支援を中国から受けていた。しかし朝鮮戦争と違って中国軍部隊がベトナム戦争に参戦することはなかった。外国軍の参戦を北ベトナムは断固として拒んできたということもある。本音を探ってみれば、中国だってベトナムのために中国兵を犠牲にするのは御免だったのであろう。

東西冷戦時代である。「ベトナムは中ソの代理戦争をやらされている」とのフェイクを当時、米国は意図的に流していた。1953年に大統領に就任したアイゼンハワーの下で、副大統領となったニクソンら反共グループが喧伝した虚構である。そして戦争中、ベトナムの戦場に中

ベトナム戦争は米ソの代理戦争だったと示す TV 画面（2023 年 5 月）

ソの大部隊、軍隊が入ってベトナムを支えたという事実は無い。中ソの代理という嘘・侮蔑に対して、当時、おびただしい国民の犠牲を払って抵抗戦争を続けたベトナム側は激怒するしかなかった。

ベトナム戦争を解説するネット情報には不正確なものが多い。前述したように、フランス植民地軍がベトミン軍に敗れて撤退した後、アメリカは、どのような政治組織も存在しなかった南に傀儡政権を作って「それを守るため」と称して武力進駐を開始している。そしてこれは南の政権と北の政権の戦い内戦であり、中・ソとの戦争であるという宣伝を繰り返した。国際世論の手前、アメリカがベトナムを侵略し北の軍と戦っているという事実が知られてはならなかったのである。そうした70年も前のプロパガンダが、とっくに否定されているにもかかわらず未だに顔を出す。最近のＴＶでも「北と南とアメリカの三つ巴の戦争であった」という誤った解説が堂々と行われたりしている。

アメリカがベトナムを侵略しはじめたころ、ベトナムはろくな兵器も軍事力も備えていなかった。フランス軍が遺した旧式の火器や日本軍を武装解除して得た貧弱な銃器しかもっていなかった。後にボー・グエン・ザップが編成したゲリラ部隊が米軍武器庫を急襲して弾薬を奪取したりしたが、米軍と戦うのにそれではいかにも足りなかった。中国やソ連に対して国を守るための軍事援助を頼むのは当然の成り行きだった。ただし、あくまで自力で独立を達成するとの強い意志のもと、派兵は求めなかった。中ソの軍隊が入ってくれば、いずれ「彼らによるあらたな支配が起きるのではないか」といった「怖れ」も潜在的にあったからだ。

ベトナムが援助を求めたのはＡＫ47などの小銃・小型火器だけではなかった。戦争終盤までには軍用車、戦車、艦船をはじめ、ジェット戦闘機ＭＩＧ、地対空ミサイルＳＡＭにまで及んでいる。ソ連製の兵器に関してはソ連の技術者がベトナムに入って指導はした。だから中ソの代理戦争なのだとアメリカ側は主張したが、その理屈は国際社会で通用しなかった。

ウクライナ内政への干渉

ウクライナとソ連・ロシアは、悲劇的な歴史を刻んでいる。その中でも第二次大戦前の１９32～33年に起きたホロドモール（飢餓殺害）がよく知られている。UKURINFORMによれば「その飢餓はスターリン体制によるウクライナ人へのジェノサイド（大虐殺）と呼ばれ……約４００万の人々の命を奪った」ものだった。

当時、強制的にコルホーズ・集団農場に組織されていた農民は収穫物を自由にはできず、すべてが輸出のために徴発され、不作に加えて自分たちの食べものさえ家宅捜索で取り上げられた。人肉食さえ起き、チフスの流行もあった。この事実は１９８０年代まで秘匿されていた。

2022年1月30日、ドイツ連邦議会下院はこの事件を「国際法上の犯罪、集団虐殺（ジェノサイド）と認定する決議案」を可決している。

1991年12月にソ連邦は崩壊した。その4か月前の8月、ウクライナ共和国はソ連から離れ独立を果たしていた。

その後、ロシア派とウクライナ派の対立は国内で続く。ウクライナ大統領選でも両派が交互に選ばれてしまう事態となった。2004年に立候補したV・ユシチェンコ氏は、ウクライナ派（反ロシア派）だった。それが原因だったのであろう、彼が気づかぬうちにダイオキシンを体内にとりこまされ、瀕死の重体となる事件が起きた。

ユシチェンコ候補は体の異変が強烈な毒物によるものと診断されてスイスの医学研究所に搬送され、通常の6000倍ものダイオキシンによる中毒症状だと突き止められた。危篤状態の中、急遽、解毒処置が施されて一命をとりとめてはいる。帰国後の2004年選挙ではウクライナ市民によるオレンジ革命の力もあって勝利を収め大統領となるが、顔面全体をダイオキシンによるクロルアクネ（塩素ニキビ）痕が無残に覆ったままであった。

犯行はロシアの秘密組織が行なったものと推定された。オレンジ革命とユシチェンコの勝利は、プーチンにとって大きな敗北を意味するものであった。

マイダン革命と内戦

２０１０年にはロシアがバックアップするヤヌコーヴィチが大統領となる。彼はＥＵとウクライナの統合協定を、ロシアの意向に従って反故にする。これに抗議する市民・学生らのデモが２０１４年2月に起き、１００人余りの死者を出すこととなった。それがマイダン革命であり、ヤヌコーヴィチはロシアに逃亡した。

続く3月には、ロシアによるクリミア半島の占領と奪取が行なわれ、「クリミア共和国」を宣言させることとなった。また東部ルハンシク、ドネツクでプーチンはロシア語系住民を蜂起させ、4月にそれぞれ「人民共和国」を宣言させている。ウクライナはポロシェンコ大統領の下でドンバス戦争と呼ばれる内戦状態となった。

２０１９年になってウクライナ派のゼレンスキーが大統領に選ばれる。しかし内戦を理由に介入・侵略するのが大国の常道である。東部住民が不当な弾圧を受け虐殺されているという名目で、２０２２年2月24日、ロシア軍によるウクライナ侵略が開始された。当初は「ネオナチからウクライナ住民を守る」ためであるとロシアは主張した。だが戦況の進展とともにそれは「占領した東部と南部各州をロシア領とする」という領土割譲要求に変わった。ピョートル大帝が帝政ロシア時代にロシアの版図を拡大した功績に自らをなぞらえるプーチンならではである。侵略する側の本音が露骨に出たといえる。シュピーゲルＴＶによれば、プーチンは「ソ連の崩壊は今世紀最大の地政学的惨事であった」とみなし、ウクライナがソビエト連邦の中のかけがえのない一部であったと今も強調している。それはソ連時代の諸領土の回復が彼の念頭に深く刻み込まれていることを示唆している。

ホロドモールという餓死の歴史と重なるように、プーチンによる領土簒奪という恐怖がウクライナの人々の反ロシア感情の背後には横たわっている。

ネオナチ論

プーチンの言う「ネオナチ」とは何をさしていたのか。

ウクライナとロシアの人々にとって、「ナチス」は、２７００万人の死者を出しながらもソ連がナチス軍を打ち負かした過去の記憶につながるからである。「ネオナチ」という表現は、彼の地で「あのヒトラーか」という感情を人々の間に引き出す強い力を持っている。レニングラードはナチス軍に９００日間包囲されたあげく１００万人の餓死者を出すという悲劇を刻んできた。

ヨーロッパ諸国に今日、ネオナチが一部台頭しはじめているのは事実である。でもウクライナがこうした極右に国を支配されてしまったという事実は無い。一部に右翼がいたかもしれないが、だからといってロシアがウクライナを侵略する理由にはならない。ウクライナという祖国を確固としたものにしようという民族主義者が増えていたことは確かだが、それを指してネオナチだと表現したのはプーチンの詐術である。

それどころか、その後のロシアによる民間人虐殺戦術を見ていると、ロシアこそナチス・ドイツと同じことをやっているではないかと気付かされる。

ベトナム戦争でのアメリカの手口

傀儡政権を樹立して軍事介入

国内に対立・内戦を作り出し、その片方を傀儡化して支援するやり方は、ベトナム戦争でアメリカがやった図式でもある。フランスの植民地軍は、1954年3月に始まったディエンビエンフーの戦闘でベトミン軍に大敗し、植民地支配を断念してベトナムから撤退した。それを機にアメリカは、米・英・仏・ソ・中を主体とするジュネーブ会議でベトナムの南北分断を決め、米・英・仏は南ベトナムにバオダイ傀儡政権をでっち上げた。さらにゴジンジエムに引き継がせた傀儡政府を内戦から守るためとしてアメリカは、当初は軍事顧問、次には正規軍という順序で軍事介入を次第に強め、最後には大軍を送り込むという手法で侵攻をエスカレートしていった。その過程でアメリカはホーチミンを「血にまみれた共産主義者」であると喧伝した。

1997年6月、ベトナム戦争が終わって22年目に宿敵同士の指導者が一堂に会し、前代未聞の4日間の対話を行なった。マクナマラ元米国防長官の提唱による非公開討議であった。『我々はなぜ戦争をしたのか』（東大作、岩波書店、2000年）にその白熱の議論が掲載されている。その場で出されたロバート・S・マクナマラの発言は驚くべきものであった。

マクナマラ発言

ベトナム人が毎年100万人規模で（米軍に）殺され続けていたことに対し、マクナマラはこう切り出した。

「一体なぜあなた方は、このような膨大な人命の損失に心を動かされなかったのですか。目の前で国民が死んでいく中、犠牲者を少しでも少なくするために交渉を始めようという気にはならなかったのですか。どうして交渉のテーブルについて、アメリカの提案が自分たちにとって有利かどうかを見極める努力さえしなかったのですか。少なくとも、アメリカの提案がベトナムの被害を食い止め、国家の統一につながるのかどうかを知るために、交渉のテーブルに着くことはできたはずです。なぜもっと早く交渉を始めることができなかったのか、この答えをいまだに聞いていません」

これに対してベトナム側のチャン・クアン・コ外務省対米局長が返答した。

「マクナマラさん、あなたはベトナムの指導者が、ベトナム人民の犠牲と苦しみを省みなかったとおっしゃりたいんですか。……いいですか、ベトナム戦争はベトナムの地で行われたという事実を忘れないでもらいたい。……ベトナムが失ったものはアメリカとは比べものにならないほど大きなものでした。アメリカは心理的・精神的被害だけで済んだかもしれませんが、ベトナムはあらゆる意味における損害を受けたのです。我々が戦争を続けたい理由が一体どこにありますか」

マクナマラの発言に対してチャン局長は続けた。

「ベトナム側の誰もが絶句しました。ひどい侮辱だと感じたからです。私も怒りのあまり、自分を見失いそうになりました」

空爆を命令し大虐殺を行なったマクナマラ国防長官という当の本人が、「これほど人が死んでいるのに、お前らは何も感じなかったのか」と言うのである。強盗がナイフで相手の体をえぐり家族を殺し続けながら、「降伏しないのはなぜか、それでも人間か」と問うているのと同じなのだ。

著者・東大作はさらにアメリカへの疑問を提示する。「マクナマラ氏の主張がおかしいというのはたやすい。しかし98年のイラクへの空爆にしても、99年のコソボへの空爆も、基本的には『こちらの提案を呑まなければ空爆を続ける』という軍事行動を実際にアメリカはとっているのである」と。

ちなみにマクナマラが戦後に刊行した『ベトナム戦争回顧録』では「ホーチミンたちが本物の民族主義者であったことを軽視してしまった」と反省もしている。「中ソの代理戦争」として、共産主義者による侵略のドミノが起きると分析した１９５０年代のアイゼンハワー政権・ニクソン副大統領の主張と、それに基づいてベトナムを徹底破壊したことの誤りを認めたのである。マクナマラは２００９年に他界した。

２００１年の同時多発テロ後に米国が仕掛けた戦争は7カ国に上る。米ブラウン大学・ワトソン国際公共問題研究所が、２０２３年5月15日に発表した報告書によれば、7カ国とはアフガニスタン、イラク、パキスタン、シリア、イエメン、リビア、ソマリアである。そこでの犠牲者は４５０～４６０万人に上っている。そのうち戦闘による死者は90万人ほど。経済の破綻や医療の崩壊など建設被害による死亡が大半を占めている。「テロとの戦いだ」と叫んで他国を侵略し、住民をこれほどまでに苦しめる権利が、大国にだけはあるというのだろうか。

プーチンの手法

ウクライナ内部に傀儡共和国

そうしたアメリカのやり方と酷似するのが、ロシアによるウクライナ侵略であった。内戦状態に乗じて東部と南部に傀儡政権を作り、ゼレンスキーは残虐だ、敵はネオナチだと叫びつつ、大軍で侵略する手法を採ったのだ。〝人民共和国〟を守るためだとして。

ロシア側は２０１４年に占領したクリミアで、首長をロシア派にすげ替えてしまった。また、ルハンシクとドネツクにはそれぞれ人民共和国を宣言させて、傀儡政権を樹立した。これに対してプーチンは、ウクライナ侵略直前の２０２２年2月21日になって、「国家として承認する」

大統領令を発している。アメリカがゴジンジェム傀儡政権をでっち上げてベトナムへの軍事介入を始めた手口と瓜二つである。

ヨーロッパに対する政治工作も密かに進んでいた。とりわけロシアが産出する天然ガスは、必需のエネルギー源として全欧州を左右する力を秘めていた。バルト海の海底を走るパイプライン、ノルドストリームⅠ（2011）とⅡ（2021）が完成し、ロシアとドイツが直接つながるものとなった。ウクライナ経由のパイプラインもあったが、ノルドストリームは欧州をコントロールしうる戦略的価値を持っていた。

ドイツのシュピーゲルTV－NHKによれば、そのキーパーソンとなったのが元・独首相のシュレーダーであった。2006年にはロシアのガスプロムの役員に選ばれて報酬25万ユーロ（約3580万円）を保証された。ノルドストリーム計画に対してスウェーデンとフィンランドが反対していたが、それを説得したのがシュレーダーであった。ロシアのロビイストとしての役割を果したのである。

ウクライナ侵略開始とともにロシアは2022年8月になってバルブを閉じ、ガスの供給を停止した。天然ガスに兵器としての役割を与えたのである。9月には海底のパイプラインが破壊される。これはアメリカがノルウェーと組んで起こした秘密破壊工作だと、2023年2月10日に元ワシントン・ポストの米ジャーナリスト、シーモア・ハーシュが報じた。しかしドイツのメディアは「誰がやったのかはまだ不明だ。西側がやったと思わせるためにロシアが白旗作戦を行なった可能性がある」と報じている。3月末には、ロシアを含めた調査を再開しようとフィンランドが提案している。謎に包まれた事件である。

エネルギー危機、だが全原発を断固廃棄

ドイツはエネルギー危機に直面した。しかし2011年のフクシマ原発事故を教訓としてメルケル首相は、全原発の廃炉を決めていた。10数基の原発が廃炉となり、ロシアのウクライナ侵略が始まった2022年、残るは3基となっていた。緊急事態であった。3基の廃炉措置が3か月延期された。そして23年3月、全原発の廃炉が実現した。基本的に再生可能エネルギーに頼るという社会構造に転じたのである。

ところが、この勇断に対して、原発の推進を図っている日本の西村康稔経産相は、「ドイツは、原発が7割のフランスの電力に頼っている」と衆議院で虚偽の発言を行なった。東京新聞（4月26日）によれば「自然エネルギー財団は、2008年～21年のドイツの電力輸出量は輸入量を上回っており、フランスに対しても20年が1・6キロワット時、21年は6・5キロワット時の輸出超過。フランスの原発58基は半分止まったままで、ドイツの再生可能エネルギーの恩恵を受けているのがフランス」と伝えている。天然ガスの供給を断たれても断固として原発を廃棄したドイツと比べると、ウクライナ侵略を利用して原子力に回帰しようとする日本は、政治が利権がらみであることを浮き彫りにしている。原子力発電推進のGX法案は2023年

5月31日、参議院の委員会を自民・公明・維新・国民の賛成で通過した。

西側が仕掛けた戦争!?

２０２３年、侵略開始1年を前にしてプーチンは年次教書で新たな詭弁を用い始めた。2月23日の「祖国防衛の日」ではウクライナを「我々の歴史的な領土」と述べ、「この戦争は西側がロシアに仕掛けてきたものだ」と表現した。そのうえでロシア国民に、これは「祖国を守る戦争だ」と呼び掛けている。ロシアが侵略を受けた側だというのだ。戦場での好転が見込まれず、新たにロシア兵を徴募する必要が出てきたゆえの虚言なのだろう。

国連のグテーレス事務総長は国連総会で演説し、ロシアによる侵攻を「国連憲章と国際法の違反」と非難した。国連加盟の141カ国は「ロシア軍の撤退」を圧倒的多数で採択している。

一方で、ロシアによる対ウクライナ包囲戦略はピリピリと神経質に進んでいる。侵略から一年経った２０２３年3月、ウクライナの西に位置するモルドバ共和国で、サンドゥ大統領の辞任を求めるデモが起きた。サンドゥは親西欧派でEU加盟を申請している。

これに対して親ロシア派政党の呼びかけでデモが組織された。モルドバの東側は沿ドニエストル地方でロシア系の住民が多い。そこをベースに政権転覆クーデターの動きもあるという。ウクライナでの戦況が必ずしも良くない状況下で、ロシアが支援するこうしたデモが起きている。ジョージアの西部の一画も、今もロシアに占領されたままの状態が続いている。

数しれぬ犠牲者

　侵略直後からロシア軍が支配していたキーウ近郊のブチャでは、490人の虐殺死体が見つかった。一般市民である。1年間の合計ではウクライナの市民8006人が殺されている（2月21日、国連発表）。いっぽうウクライナ政府は2022年12月、「市民の犠牲者が2万人をはるかに超えた」と発表した。戦禍を逃れて避難生活を送る市民は1300万人。欧州での被害は第二次世界大戦後最大という（東京新聞2月27日）。UNHCRによると、2月15日時点でそのうちの807万3182人は国外に逃れている。

　イギリスの国防省はロシア軍の死傷者が17万5千～20万人に上り、死者は4万～6万人に達したとしている。ウクライナ側は22年12月の発表で戦死の兵は1万～1万3千人とした。米軍はウクライナ軍の死傷者をロシア軍と同程度の10万人近くとみなしている（朝日新聞2月24日）。戦死の兵員数は双方とも詳細を公開しないから真実は時を経なければ判明しないのかもしれない。

　またSAVE UKRAINEによれば、この間にロシアに連行された人々は90万～160万人に達したという。「米エール大の報告書によると……やり方が悪辣である。無料のサマーキャンプという触れ込みで子どもたちを募集して収容施設に連れていき、約束の期限が過ぎても親元に返さず連絡を絶つ。少なくとも43の施設の存在が確認され、ウクライナから6000km以上も離れた極東にも設置されている」（東京新聞社説「ロシア戦争犯罪：子どもらを親元に帰せ」

２０２３年２月25日)

親から引きはがされ、ロシアに拉致連行された子供の総数は１万６２２１人。収容施設でその子たちにロシア語教育が行われ、親元に返さぬまま、成長すればロシア軍の兵士とされるのだろうとの観測も広がっている。子供の心までロシア化しようとするのだ。３月になってオランダ・ハーグにあるＩＣＣ国際刑事裁判所は、子どもの拉致移送はジュネーブ条約違反の戦争犯罪、ジェノサイドの一つであるとしてプーチンに逮捕状を出した。だがＩＣＣが設立以来20年間に出した逮捕状は、アフリカ諸国のリーダーたちばかりであった。アメリカがイラクやアフガニスタンで行った虐殺は不問に付してきたという偏りが指摘されている。

一方、国連もこの問題を重視し、６月27日に発表した年次報告書でロシアを「子供の人権侵害国」と指定した。２０２２年の１年間を対象とする調査で、ウクライナ侵攻で死傷した子供は確認されただけで１３８６人としている。グテーレス事務総長は「数の多さに愕然としている」「国籍を含め、ウクライナの子どもの身分をいっさい変更しないようロシアに求める」と述べている（朝日新聞23年６月29日）。

２０２３年６月初めに起きたカホフカ・ダムの爆破と洪水の発生も、大勢の人間がおぼれ死ぬことを狙った「非人道的」攻撃の極致である。ロシア軍は前年からダムのコンクリート壁に穴をあけいつでも爆破できるように爆薬をいれていたと、米軍の監視システムが発表している。ロシアはウクライナが自分でやったのだと主張したが、ウクライナが自らダムを破壊する必然性が認められない。

ベトナムでも、米軍はハノイのホン河堤防を破壊することによって、下流域全体を大洪水とさせることを一時期狙っていた。堤防は幅は広いが単なる土盛りであり、1か所でも穴があけば全体が崩落する。北爆の間に何か所かを爆弾で破壊されたが、巨大な堤防が壊れることはなかった。攻撃する側が考えることはいつも似てくるようだ。

ロシア国内の言論弾圧

プーチンらの様々な虚言や不法がロシアでまかり通るのは、ロシア国内のメディアがすべて政府寄りのものだけになってしまい、事実が隠蔽されてしまっているからでもある。国民は政府発表の情報以外「何が起きているかわからない」状態に置かれているのだ。

侵略を開始する前から、ロシア国内ではプーチン政権による専制支配体制が少しずつ固められていた。ドイツのシュピーゲルTVによれば、ノーベル平和賞を受賞したノーバヤ・ガゼータ紙では2000年以降、6人の記者が謎の死を遂げている。そのうちの一人の女性記者アンナ・ポリトコフスカヤは、チェチェン共和国での大虐殺に関してプーチン批判の記事を書いた結果、2006年10月7日、自宅アパートのエレベーター内で射殺されてしまっている。

元KGB（ソ連時代の諜報機関。プーチンも所属していた）の一員だったリトビネンコは、「チェチェン人によるとされたモスクワでの大規模テロは、プーチンのFSB（ロシア連邦保安庁、KGBの後身）による自作自演だ」と発言していた。さらに亡命先のロンドンで「アンナ・ポリトコフスカヤ記者を殺したのはプーチンだ」と言った後、これも何者かの手で、強力なα線を出す（飛距離は短いが細胞破壊力が強い）放射性物質ポロニウム210を盛られて2006年に急死している。英国警察はロシアの犯行だと断定した。

ロシア国営第一テレビのマリーナ・オフシャンニコワは2022年3月、放映中にスタジオで「戦争反対」の紙を掲げて拘束され、仮釈放中に娘とともに秘かにフランスへの脱出を余儀なくされた。

プーチン政権のウクライナ侵略を批判して放送免許をはく奪された独立系メディア「ドシチ」は、避難先のラトビアでも免許停止とされている。

言論表現の自由を奪う圧力は、プーチンと連携するベラルーシでも広がっている。反ルカシェンコ政権派の大統領候補だったチハノフスカヤ氏はリトアニアに脱出していたが、3月6日、ミンスクの裁判所は禁固15年を言い渡している。2022年ノーベル平和賞を受賞した人権活動家アレシ・ビャリャツキ氏にも禁固10年が科せられている。

ロシアの大学生のオレシャは、ウクライナでの事態をSNSに載せただけで拘束された。足首に行動監視のセンサーをつけられ、家から一歩も出られないという姿を、NHKのドキュメンタリーが報じた。反戦言論をSNSに上げれば7〜8年の懲役だという。

13歳の少女マーシャ・モスカリョワは、学校で一枚の絵を描いた。母と子と小さな家の上に青と黄色のウクライナ旗も描いた。空間には「プーチンに反対、戦争反対、ウクライナに栄光を」の文字を添えた。校長はあわてて警察に通報、彼女は間もなくFSB当局の手で児童保護施設に連行されてしまった。父親のアレクセイはベラルーシに逃げたが逮捕され、禁固2年となった（TBSニュース4月5日）。

ロシアのあらゆる組織はメディアを含めて今やほぼ政権言いなりのものばかりとなってしまっている。反プーチンの論陣を張ったジャーナリストらは捕えられ、あるいは殺害される。政敵もプーチンに反対する者であれば殺してしまえというKGB型陰謀政治が大手をふるうようになった。こんな専制支配を、ロシア国民はいつまで許しておくのであろうか。

政敵抹殺の陰謀

2022年に公開されたドキュメンタリー映画「ナワリヌイ」を私も観た。それは、戦慄の事実をえぐり出していた。

ロシア最大野党の大統領候補であったアレクセイ・ナワリヌイは、2020年、彼の下着に劇毒のノビチョクが塗りつけられ、皮膚浸透を狙うやり方で暗殺を謀られていた。ナワリヌイは逃げのびた先のベルリンの病院でかろうじて回復するが、帰国するとたちまち逮捕されている。2023年1月には接見禁止の独房に入れられ、病状は急激に悪化した。ロシアの医師ら300人は1月10日、プーチン宛にナワリヌイの健康状態が懸念されるとの公開書簡を提出した（赤旗1月10日）。

ナワリヌイはテロ容疑者として終身刑が科される可能性がある。ノビチョクによる暗殺未遂事件については、イギリスに本拠を置く民間のグループ・ベリングキャットがジオロケーション（位置情報を扱う技術）の手法で徹底調査、ナワリヌイ周辺にいた人間の移動と役割を調べあげ、これがプーチン政権の秘密組織による犯行であったという事実を突き止めている。

ちなみにベリングキャットはＳＮＳ上のデータを徹底的に集めるという手法で「２０１４年7月にウクライナ上空で起きたマレーシア機撃墜事件は、ソ連製のミサイルによるものであり、これに関与したロシアの軍人を特定することに成功」している。

ロシアの反体制派は２０２３年5月18日、ナワリヌイが47歳となる6月４日に、国の内外で彼の釈放を求めるデモを行なうよう呼びかけをした。

ウクライナ戦争と核の危機

２０２３年1月、ドイツは最新鋭の戦車レオパルト2をウクライナに供与すると決めた。ポーランドなどすでに同戦車の配備を受けている諸国も、直ちに送り届けた。ロイターによればアメリカもエイブラムス戦車を送ると決めた。ウクライナがロシアを侵略するために使うのではない。あくまで国土防衛のための装備である。これでロシア軍が国境線まで押し戻され、侵略以前の状態に戻れば、停戦交渉もスムーズに具体化するかもしれない。

「ウクライナが激しく抵抗してロシアを敗戦に追い込めば彼らは核を使うであろう」、「第三次世界大戦が勃発するであろう」といった〝怖れ〟論もこの間にひろがってきた。プーチンも核の準備が整ったという類の発言を続ける。

核の脅しと戦術核兵器の配備

ロシアと国境を接するフィンランドは、これまでロシアとの関係では中立を貫いてきた。だが、ウクライナに対するロシアの侵略という事態を見て、NATO加盟をスウェーデンとともに申請した。そのフィンランドのNATO加盟が承認された4月、ロシアはフィンランドの隣国、ベラルーシへの戦術核兵器の配備を発表した。NATOという軍事同盟に入るのなら核の使用も辞さないぞという脅迫である。「ベラルーシは昨年、憲法の非核条項を削除している。……反体制派指導者チハノフスカヤ氏は（ロシアは核配備により）ベラルーシを報復攻撃の潜在的標的にしていると批判」（赤旗23年4月2日）している。アメリカはこれまでにNATO諸国に核を配備してきた。明らかなNPT条約違反である。だからといってロシアの核配備を許すわけにはいかない。

懸念されるのは6月末から始まったロシア軍の占拠原発からの撤退である。爆発物を仕掛けたうえで退いた、とウクライナ側は抗議した。遠隔操作ならばいつでも破壊できる。ヨーロッパ最大と言われるザポリージャ原発で空前の放射能災害を引き起こそうというのだろうか。

巨大核爆弾は使わずとも核と放射能は利用できる。こうした認識の上で、小型の戦術核なら使えるではないかという発想が首をもたげる。

「プーチンはサンクトペテルブルグでの国際会議で戦術核の第一弾をベラルーシに搬入すると発表した。……ロシアは通常兵器が西側に劣ることが露わになり、核への依存を強めている」(東京新聞23年6月22日)。核兵器削減条約はロシアが履行を停止し、米ロの軍備管理体制が麻痺しているさなかの無責任な他国への「拡散」である。

より懸念されるのは、ヨーロッパ諸国の軍事同盟であるNATOに岸田政権が協調し始めたことである。NATOは日本にも事務局を置くという。欧州での戦争に日本がコミットし、アジアでの紛争に欧州の軍事力を関わらせようというのだろうか。

さらに重大なのは武器輸出三原則をねじ曲げ、「殺傷兵器」の輸出を解禁する方針を閣議決定で固めたことだ。平和憲法のもとで禁じられてきた兵器輸出である。それを国会での議論もなしに大転換したのである。「侵略を受けている国への支援」だという。

戦後日本は侵略を繰り返すアメリカを一貫して支持してきた。侵略を受けたベトナムやイラク、アフガニスタンなどを支援したためしは無い。武器輸出で利を得たいがための嘘が公然と語られる。これからは日本の兵器によって海外で人が殺されてゆく。憲法の平和主義をここでも崩そうという動きである。

劣化ウラン弾の提供

こうした状況下で2023年3月末、英国がウクライナに劣化ウラン弾を提供すると発表した。これは戦車などに用いる徹甲弾である。ウランを濃縮した後に残る金属ウランがその主体だ。重さは鉄の2・5倍であり、装甲が3㎝の厚さの戦車であっても容易に貫通する硬さを持つ。アメリカは1991年の湾岸戦争でイラク軍戦車に対して使い、戦車師団を全滅させている。装甲を貫いた劣化ウランはその衝撃で1200〜2000℃に白熱気化し戦車内の兵は即死する。この気化ウランがその周辺をただよい、地表にも降り積もる。それを吸い込んだ人間が内部被曝する。

イラク戦争開始以来20年間の統計（NGO「イラク・ボディーカウント」）によると、イラクでの戦闘や爆撃による犠牲者総数は16万2000人でその8割が民間人であったとしている。劣化ウラン弾による犠牲者数は長期間にわたってガンを発症したりするため数えることが不可能のままだ。

2003年のボスニア・コソボ紛争でもNATOの多国籍軍が劣化ウラン弾を使用した。参戦し使用した側のイタリア兵数百人がガンを発症したという情報もある。弾頭を構成するウラン238は半減期が約45億年、ウラン235は7億年余である。イラクでは放射線障害とみられる子どものガンの多発がまず起きた。女性の乳ガンや皮膚ガンも増えた。

「ウラン238のアルファ線は体内では40㎛（1㎛は100万分の1m）しか進まないが、

その間に10万個の分子切断を行なう。こうした局所的被曝ではDNA二重鎖切断が密に生ずる」「放射性原子の酸化物が直径1㎛の微粒子の場合、500億個の原子が含まれる」（矢ケ崎克馬『隠された被曝』新日本出版社、2010年）。粒子を体内に取り込む内部被曝をすれば、十分にガンを引き起こす要因となってしまうのである。

ウラン弾が使用された地域では人が住めなくなる。ウクライナはこれを英国から受け取って、国土の汚染も顧みず自国内で使うのだろうか。これは爆発力ではない新型の放射線核兵器とみなさなければならない。

ロシアは、英国がウラン弾をウクライナに供与することについて強く抗議した。だが、同じ劣化ウラン弾をロシアもまた大量に保有しているのである。

侵略戦争は不当、抵抗・防衛は当然

長期化するウクライナ侵攻について、「ゼレンスキーが武器を要求するから犠牲者が増えるのだ。ウクライナは戦争をやめるべき」と主張する見解も拡がった。それは、とりもなおさずロシアを擁護し、彼らの侵略を免罪する役割を果たした。これは、侵略戦争とそれに対抗する抵抗戦争を同列に扱って「どちらにも反対」という考え方に立っている。だが侵略を行なう側は、自らの軍事的優位を背景に「俺の言うことを聞け」とばかりに軍隊を侵入させる。そして領土の割譲も迫る。防衛する側は必死の抵抗で国と国民を守るしかない。ここで糾弾されるべきは侵略戦争であり、それへの抵抗はあくまで正義の防衛戦争であるということだ。侵略とそれに対する抵抗を同列のものと見てはならない。対等な戦争ではないのだ。

ウクライナ政府は、家族と国土を守り抜くための武器が欲しいのだ、と一貫して求めてきた。敵国を侵略して占領するための兵器はいらないとも言っている。防衛・抵抗戦争を続ける側のまともな要求である。

ウクライナの戦場を取材して帰国した佐藤和馬氏は、２０２２年5月31日、AERA dot. でウクライナの人々の心情を語っている。

「その青年には3歳の子供がいる。あなたも戦争に行くのかと問いかけると『行きたい』と答えた。でも、これまでに戦ったことのない青年です。恐怖について聞くと『そりゃ怖い』と。『でも自分が死ぬよりも怖いのはこの国が消滅すること』『だから戦う』といった」「日本のどこかの評論家だかで『ウクライナは白旗を上げたらいい』と言った人がいるんでしょう。大馬鹿者ですよ。だったらウクライナに来てみんなにそう言いなさいと思う」「自分の国、文化や歴史がなくなるんですよ。安全圏で何もわかっていない、命を懸けたこともない人が、これから命を懸けようとしている人たちに向かって言える言葉じゃない」

ゼレンスキー大統領の支持率は、ロシアの侵略前には20％台に過ぎなかった。だが、徹底抗戦を呼びかけた後には93％にまで跳ね上がっている。国民が一つになって、侵略を許さず国を守るぞと決意したことを示している。

抵抗するウクライナは首都キーウがミサイルやロケットで攻撃され続けても、モスクワをミサイルで本格的に攻撃しようとはしていない。それが容易にできるにもかかわらず、である。これは両者の対等な戦争ではない。圧倒的な軍事力を持つ侵略軍に対して、侵略された側の人々が国を守ろうと必死に抵抗している（レジスタンスの）戦いなのである。

「戦争反対」の落とし穴

アメリカはソ連崩壊後もＮＡＴＯを拡大してきた。そのあげくウクライナ人にロシアと戦わせ、武器を送っている。だからこれはアメリカの代理戦争だとロシアは主張している。

確かにこの侵略の背景にはアメリカの存在がある。ＮＡＴＯという軍事同盟を拡大するのはロシア包囲網を強化することとなる。さらに、古い兵器を消費させることで漁夫の利を得ているのも確かである。そういう状況の下でウクライナが抵抗するのは無意味だ、少しぐらい領土が奪われても、国民の犠牲を考えるならやめたほうがよい、という議論も生まれている。

しかしそうだろうか。

「戦争反対」「平和を守れ」という善意のスローガンは、しばしば戦争をしているどちらも怪しからんという理解に陥りがちだ。だがこうしたケンカ両成敗論は、必死で抵抗戦争を続ける側にあきらめを強い、侵略した側が〝やり得〟となることにつながってしまう。アメリカやNATOが背後でうごめいているにせよ、「侵略戦争」には断固反対、「抵抗戦争」は断固支持、の原則に立ち帰って考えなければならないのではないか。攻撃され犠牲となり続けているウクライナの民衆がかわいそうだ、だからすぐに停戦せよ、という善意の運動も起きている。だが同じ要求を掲げているのがロシアなのである。

「ゼレンスキーが交渉の席につかないから攻撃せざるを得ない」と言い、即時停戦こそ必要だとロシアは主張する。現状のまま停戦すれば、東部と南部の占領地はロシアのものとなるからだ。ウクライナ側は「ロシア軍は2月24日の侵略以前の状態に戻らなければならない」としている。仲介役を気取り始めた中国も「侵攻開始以前に戻れ」とは言わず、ロシア軍の撤退を求めない声明をモスクワで発表した。だからプーチンは「中国が示した和平案の多くは、ロシアのアプローチと一致している」とほめたたえた。

「いますぐに戦争をやめよ」は、和平を求めているようで実はロシアの手の内なのである。

ベトナム戦争報道で世界初の解放区のスクープ「戦場の村」の長期連載を行ない、メディアが陥っていたベトナムへの偏見とたたかった朝日新聞の本多勝一記者は、著書『ジャーナリズム論』（すずさわ書店、1975年）の中でこう明快に論じている。「悪の根源は、戦争ではありません。侵略であり、それをもたらす帝国主義的社会体制の側にあります」「強盗の側（中村注・侵略）が一方的に悪い。強盗に入られた（侵略された）側の抵抗は100パーセント正しい」と。

今こそ停戦すべきという提案

自衛隊の統合幕僚学校でも教えている伊勢崎賢治・東京外大名誉教授は、長周新聞2022年12月30日号でこう述べている。

「……たった1m、2mの『勝った』『負けた』のために何万人も死ぬわけだ。停戦が一日でも早ければ何千人もの命が救える。こんなちっぽけな領土争いのために、なぜ一般市民が死ななければならないのか。日本の護憲派にこそ、そういう考えを持ってもらいたい」

つまり、犠牲を減らすために早く停戦に応じよ、わずかな土地だ、占領された地域はそのまま認めればいいではないか、という見解である。

これはロシアが掲げている要求そのものである。何千人もの一般市民の命が奪われるのはロシアのミサイル攻撃や砲撃によるものだ。それを免罪し、ウクライナ側が停戦に応じないから犠牲者が増える、悪いのはウクライナ側という理屈となっているではないか。日本の護憲派はこうした考えを持て、とも主張している。

ウクライナは厳しい冬を抱える土地だが、小麦が豊かに実る大農業国と化している。そこでのことわざに「1mの肥沃の地を作るのに100年かかる」というものがある。農地は飢餓をのり越えて耕され育てられてきたのだ。それを「たかが1m、2m」と言って高みから裁断する資格がだれにあるというのだろうか。

2022年12月22日、プーチンは記者会見でこのように述べた。「目標は戦争を終わらせることだ。早ければ早いほどいい」。これは「ウクライナ東部と南部4州の〝併合〟などをウクライナと国際社会に認めさせるための揺さぶりとみられる」(東京新聞12月25日付)。

ここで停戦・終戦となればロシアは大喜びである。クリミアに続いてさらに多くのウクライナ領の簒奪に成功することになるわけだ。これに味をしめれば、また機会を見計らって「特別軍事作戦」を繰り返せばよい。そうすれば再びいくつかの州を盗み取れる。「プーチンが言うには……西側諸国がウクライナを操り、ロシアとの『代理戦争』に突き進もうとしている」(赤旗2023年2月4日)という詭弁・情報戦に振り回されるようであってはならない。

2023年2月28日の朝日新聞で大串敦・慶応大教授は「全面侵攻で(ウクライナに)傀儡政権を作り、NATO加盟も阻止しようと考えたのだと思います。……『とれる地域を取る』と侵攻の目的がなし崩し的に変わっていきました。……まずはドネツク・ルハンシクを絶対に支配しようとし、さらに他の2州(ザポリージャ、ヘルソン)の占領を目指すでしょう」と分析している。

23年2月24日、中国はロシア、ウクライナ双方に対し、「早く停戦に応ずべき」といった文書を発表した。これにもロシアは喜んだ。侵略以前の状態には戻さないまま、いま停戦となれば東部と南部の占領地獲得が承認されることになるからである。中国は、仲介者に見せかけながらロシアにとって有利な「停戦」を提案した。３月になってモスクワを訪れた習近平は、占領地からの撤退を言わぬままの「和平」をあらためて提唱した。中国がいずれは台湾でやろうとしている侵攻・占領の先例と見ているからであろうか。

国土を奪われ、住民を見境なく殺され続けているウクライナにとって、抵抗戦争の終結は、ロシアが侵略以前の位置に戻ることによってしか実現しないはずである。

５月半ば、東京新聞にウクライナでの停戦を呼びかける意見広告が出た。戦争そのものに反対し、平和こそ大事だと考える人々が名前を連ねた。善意の広告資金もカンパした。だがなぜか引っかかるのは、この広告の趣旨がロシアの言う代理戦争論に拠っている点である。

東京新聞に掲載された意見広告（５月 13 日）

「今やＮＡＴＯ諸国が供与した兵器が戦争の趨勢を左右するに至り、代理戦争の様相を呈している…」という説明である。やはり代理戦争論なのだ。東京新聞の「こちら特報部」（６月４日）ではインタビューに答えて「既に中国が停戦を提案している。これにインドはじめ中立の立場をとるグローバルサウスの国々も仲裁に加わることができないか」。「……欧米からのウクライナの兵器供給を停止、あるいは大幅に縮小するとか、大胆な譲歩のカードが必要です」と主張している。これは中国が出した提案と一致している。戦争犠牲者を減らすためにという建前を掲げつつ、ロシア軍の占領地からの撤退は一言も言わず、ウクライナに譲歩せよと求めているのである。この意見広告は、やはりロシアだけが喜ぶ提案となってしまっているのではあるまいか。

帝国主義的ロシア

ロシアによる今回のウクライナ侵略は、あまりにも帝国主義的であった。

領土要求や膨張主義的政策を隠さないプーチン演説を聞いていると、19世紀のツァーリの国家、ロシア帝国に回帰しようとしているのではないかとさえ思えてくる。いささか古い形態とは言え、このような思想と行動はまさに帝国主義国家がたどってきたものなのである。敵・ウクライナの領土に部分的とはいってもクリミア、ドンバスなどの親ロシア傀儡政権を作り、その保護を理由に侵略するという形は「新植民地主義」と言えるものでもある。

アメリカがこの間にやってきたベトナム・イラク・アフガンに対する対応は、もちろん帝国主義的侵略そのものである。だが、ロシアのウクライナ侵略の背景にアメリカとＮＡＴＯの存在があるからという理由で、ロシアの侵略を免罪する考え方に同調するわけにはいかない。

アメリカはまさに帝国主義であり、ロシアの行動も十分に帝国主義的なのである。

ワグネルの創始者プリゴジンは6月23日に突然、反乱を起こした。彼は「(プーチンの) ウクライナ侵攻の理由は、〝NATOの軍事力拡大〟や〝ロシア系住民への迫害〟などにはない。別のところにあった」とSNSで暴露した。プーチンが掲げた侵略の大義が身内によって全否定されたのであった。

ソ連時代の千島列島占領

「ソ連の4島占領、米が援助…極秘合同作戦＊1945年2〜9月…」の見出しが北海道新聞2017年12月30日の一面に躍った。「45年8，9月に行われた旧ソ連軍による北方4島占領作戦に、米国が艦船10隻を貸与していたことを…明らかにした。米国はソ連の対日参戦に備え、艦船の供給だけでなく、ソ連兵の訓練も行っており、米国の強力な軍事援助が4島占領の背景にあったことが浮かび上がった」。

……北方領土の占領はソ連を参戦させるための米国による交換条件だったことが判明したのである。第二次世界大戦後は戦勝国側による領土要求は認めないという原則を無視した秘密取引であった。そうした米ソの汚い駆け引きの後にソ連は崩壊した。にもかかわらず、それを受け継いだロシアが4島を手放さないとしているのは、前時代的帝国主義思想が根強く残っているからだと言えよう。

そうした考えが根底にあったからこそ、ウクライナ侵略を当然のように行なったのだ。

フリッツホルムの戦争絶滅法案

権力を持つ者の強欲で始められる戦争は、常に罪のない市民を犠牲にする。そうした愚行をやめさせるにはどうすればよいのか。

思い起こすのは、第一次世界大戦の後に「戦争絶滅請け合い法案」を考え出したデンマークのフリッツホルム陸軍大将のことである。これを日本に伝えたのは戦前に朝日新聞の社会部長も務めた硬派のジャーナリスト長谷川如是閑であった。

「戦争を開始または宣戦布告した元首、首相、大臣、その親族、戦争に反対しなかった議員らの全員を下級兵卒として招集、最前線に送り、敵の砲火のもとで実戦に従わせるべきである。またこれら該当者の妻や娘、姉妹も看護師として野戦病院で働かせること」

……こういう法律を作っておけば誰も戦争など始めようとは思わないであろう、という提案であった。名案である。

これまで無数の人々、アジアでは1千万人を殺し、日本国民3百数十万人を殺すことになった大東亜戦争。アメリカのベトナム侵略、イラク侵略・アフガニスタン侵略、ロシアのウクライナ侵略ほか、数々の戦争・侵略を繰り広げてきた者たち。そして今後、戦争を起こそうとするすべての権力者たちを、この法律で縛るべきではないか。

ジャーナリストが標的にされる世界各所の紛争地

「国境なき記者団」によれば、２０２２年に殉職したジャーナリストは世界中で67人に上っている。前年の2倍である。ウクライナだけでも18人が狙撃殺害されている。個別のリストに基づいて、ロシア軍が1人ずつ殺したとされている。

アメリカの映像ジャーナリスト、ブレント・ルノーは２０２２年3月13日、イルピンでロシア軍に狙撃されて即死している（佐藤和孝著『ウクライナの現場から』有隣堂、２０２２年）。同書はまたウクライナの写真家マクシム・レヴィンがブチャで殺害されたことも伝えている。

「『国境なき記者団』は現地調査を行い、6月下旬にマクシムの死を明らかな処刑と結論づけた。頭部に至近距離から2発の銃弾を受けていること、また同行の兵士の焼死体は生きたまま焼かれたとし、実行犯のロシア兵の特定を急ぐとした。マクシムは優れた写真家であった。イルピンで撮った母と子の写真はＴＩＭＥ誌の表紙にもなった。……非営利組織インターニュースは、4月4日までの被害状況として、侵攻後のロシア軍によるジャーナリストへの犯罪行為は74件に上り、銃撃などにより18人が死亡、8人が誘拐され、行方不明者3名、負傷者13名とした」

殺されたブレント・ルノーはドキュメンタリー映画監督であり、フォトジャーナリストでもあった。イラクとアフガン戦争、アフリカの紛争、中南米の危機などを手がけ、アーカンソー大学の客員教授に任命されていただけでなく、数々の賞も受賞した英才であった。同じ時に撃たれて負傷したイタリアのファン・アレドンドは「イルピン橋を渡って避難する市民を撮影していたところ兵士に狙われてルノーは首を撃たれた」と証言している（Wikipedia）。

ウクライナの戦場には私の友人たちも日本から取材に入っている。ターゲットにならぬよう祈るばかりだ。

ミャンマー、アフガン、中国

ミャンマーでは2007年9月に映像ジャーナリスト長井健司が、政府軍兵士による至近距離からの銃撃で殺害されている。短パンにサンダル履きで観光客を装っていたが彼らは見逃さず、狙撃されて即死した。「取材する者、カメラを回す者がいたら狙え」とのミャンマー軍の指令が出ていたとの情報もある。

2021年、またもやクーデターによってミャンマー軍がアウンサンスーチー政権から権力を不当に奪取し、ジャーナリストはもちろんのこと、無辜の市民を2万人余りも問答無用で殺害している。その不法なミャンマー軍関係企業には、日本のＯＤＡ資金が今でも渡っている。

アフガニスタンでも２０１６年に米公共ラジオＮＰＲの米人カメラマン、デービット・ギルキーと現地通訳が銃撃されて死んでいる。ギルキーは２００７年にエミー賞を受賞した優れた取材者であった。

中国では共産党の有力紙・光明日報の論説副主任だった董郁玉が、２０２３年4月、日本大使館員と会った直後、スパイ罪で起訴されている。彼は改革派知識人であった。

台湾の出版社「八旗文化」の編集長・李延賀も、4月末上海で拘束されている。

２０２３年6月4日の朝日新聞は「……政府系のメディア・極目新聞の記者が水力発電所の放水で2人が溺死した事故について（貴州省で）取材していたが、身元不明の人間に尾行され、暴行される事件があった。……地元警察の3人が暴行に加わったことが判明し非難が広がっている」と報じた。政治や行政の失態も報道させないという力が働いているのだろうか。

拉致・殺害がくり返し起きるシリア

ニューヨークに本部のあるＣＰＪ・ジャーナリスト保護委員会は２０２３年5月9日、イスラエルの軍事作戦をパレスチナで取材していた記者やカメラマン20人が、２００１年以降に殺害されていると発表した（東京新聞5月11日）。いずれの場合も殺害に関わった兵士の責任は問われていない。「だれも責任を問われないとなれば報道の自由は委縮する」とＣＰＪのＲ・マホニー氏は述べている。

ジャパンプレス（かつて私が所属した㈱ＪＰＳジャパンプレスサービスとは別の会社）のビデオジャーナリスト山本美香は２０１２年８月、シリアのアレッポで全身に銃弾を浴びて死亡している。誰が犯人かはわかっていない。

ウクライナではないが、ベトナム戦争中にしばしばハノイで私と飲むことのあった報道写真家の橋田信介は、イラク戦争取材中の２００４年５月、マハムーディアで何者かの襲撃を受けて惨殺された。

フリーランスだった後藤健二は２０１５年１月30日、シリアでイスラム国（ＩＳＩＳ）に拘束されて殺害されている。「ダイアモンドより平和が欲しい」で第53回産経児童出版文化賞フジテレビ賞を受賞した優れたジャーナリストであった。処刑は湯川遥菜と一緒に行なわれた。

２０２２年に捕らえられ収監されたジャーナリストは全世界で３６３人。過去30年間で最多となった。その中にはミャンマーで不当逮捕され後に釈放された、日本の北角裕樹記者や久保田徹記者も含まれている。

捕まりはしたが、幸い生還できたジャーナリストたちも多い。２０１５年６月に武装組織に拘束され、シリアで３年４か月、１２１８日間収監された安田純平もその一人だ。

２０１５年６月、トルコからシリアに入った安田純平は武装組織につかまり、３年４か月の間監禁された。派手な拷問は受けなったが、身代金を要求する組織を苛立たせないようにイスラムの聖書コーランまで習得している。しかし狭い部屋での拘禁と身動きさえ許されない仕打ちで衰弱した。２０１５年には後藤健二と湯川遥菜がイスラム国の兵に殺害されている。それでも日本政府が身代金を払うことはなかった。

安田純平は死を覚悟せざるを得ない虐待に１２１８日のあいだ耐え抜いたあげく、突然釈放されている。彼が帰国後に著した『戦争取材と自己責任』（ｄＺＥＲＯ、２０１９年）には、その間の地獄の苦しみを克明に記している。その中で、同じように紛争地の取材を続けてきた藤原亮司はこう指摘する。

「（やはりイスラム国に拘束された）スペイン人のジャーナリストは、スペイン政府の介入によって解放され、彼をのせた飛行機が着く空軍基地では副首相が出迎えた。支払われたであろう身代金については、政府もメディアも国民も触れない。彼はその後シリアに戻り、イスラム国と対峙する前線を取材したが、スペインに彼を非難する声は無い」。また、「戦争取材についても不要論が起きた。『政府が行くなと言っている危険な場所になぜ行くのか』という意見は本書で安田さん自身が述べているように『自己責任』でジャーナリストが仕事をすることも認めないということであり、同時に紛争地に暮らす人間の生命に対する無関心でもある」「日本社会の不寛容さが表れた場面はほかにもある。帰国後に安田さんがパスポートの発給を申請したところ、外務省により発給を拒否された。……事実上の出国禁止にした」。「皮肉なことに安田さんは自らが非難されることによって、多くの人たちに日本社会の不条理を気付かせてくれた」とも書いている。

戦争の現場を命がけで取材するジャーナリストを、非難の対象とするのは間違っている。なぜなら交戦国それぞれの公式声明・大本営発表をいくら読み返しても、誰ひとり戦場の実態を理解し把握することはできないからだ。戦闘が起きれば多くの無辜の人々が犠牲になる。その姿が伝えられてこそ、その戦争が持つ不当性、不合理性、残虐性を知ることができる。実際、ウクライナから届いた無数の映像が戦場の悲惨を我々に示した。現場に入り込んだジャーナリストたちは、よりいっそう正確に冷静に事実を伝えてくれている。

ウクライナのザポリージャで最前線の取材を続けている写真家・尾崎孝史は、現地から『日本写真家協会会報』（179号）に寄稿してこう訴えている。

「必要なのは、写真で、映像で何かを伝えようとする仕事を選んだなら、行ってはいけない、撮ってはいけないといわれた場所へ行き、それを撮るのが普通だ、という発想への転換でしょう。……消防士が火の中に飛び込んでも問題にならないのに、写真家が紛争地へ行くと問題視されるのはなぜか。……何かあった時に批判の対象になることを排除しておきたいという組織の論理が優先されるような現状はあまりに切ない」

砲弾や不発弾を警戒しながら最前線で行動している彼ら。その無事を祈りつつ、支持と激励を届けなければならないと改めて思う。

ジャーナリズムが果たした戦争報道の役割

ベトナム戦争では戦場から届いた膨大な量の写真、映像、記事・レポートが、軍が発表する「戦果」と違って、戦争というものの悲惨さと不条理をリアルに伝える役割を果たした。軍隊による大量虐殺を、誰もが茶の間で目にしたのである。こうした事態をアメリカは「リビングルーム・ウォー」と呼んだ。ピューリッツァ賞を受賞した米ジャーナリストのＤ・ハルバースタムは「そのことこそが米国世論を反戦に向かわせた力だった」と評価した。

日本の報道は当初、米軍発表を鵜呑みにして伝えるだけだった。侵略者は北ベトナムであり、中ソの手先なのだとの代理戦争論を振りまいていた。東西冷戦のさ中、「共産主義者の侵略は、東南アジア全体が共産化する」とのドミノ理論である。

米軍が連戦連勝を続けているとの報道は60年代半ばに変化した。苦戦している実態を日米特派員が現場から伝えたのだ。「強大な軍事力を持つアメリカに対してなぜ小国ベトナムが負けないのか」が、当時のメディアの注目した点であった。

毎日新聞の大森実特派員につづいてＴＢＳのキャスター田英夫が、一方的な爆撃の下で耐えているハノイ市民の姿を現地からレポートした。これが原因となって後に退社を余儀なくされる。朝日新聞は本多勝一記者の解放戦線支配地区潜入ルポ「戦場の村」を長期連載、独立と自由を目指す民衆の強さをリアルに描き出した。最前線を駆けずり回ってよくぞ生き得たと言える報道写真家に石川文洋がいる。米・ＡＢＣの平敷安常も、ＴＶカメラを担いでアメリカの茶の間に10年間にわたって戦場の悲惨を届けている。

アメリカでは１９６７年、ワシントンでベトナム反戦10万人集会が開催され、米国の国内世論の変貌が報じられた。その後、テト攻勢での苦戦でウェストモーランド現地司令官が繰り返していた米軍圧勝のウソがばれ、71年になると、ニューヨーク・タイムズがワシントン・ポストとともにエルズバーグ博士によるペンタゴン・ペーパーズ（秘密報告書）の暴露をスクープ。米の介入、北爆開始と米軍増派の理由の「トンキン湾事件」は捏造だった、などの事実が次々と明るみに出された。テレビ界の人気キャスターであったＣＢＳのウォルター・クロンカイトが、米軍によるベトナム戦争の批判を公然と開始した。

解放戦線をベトコン（共産主義者という蔑称）と呼んだ米メディア。日本もそれに従っていたが、のちに「解放戦線」と正しい呼称で報道するようになった。

こういった成果は、戦場に入ったジャーナリストたちによってもたらされている。ベトナムで死んだジャーナリストは73人、うち日本人は15人。解放戦線側の戦死記者は２５６人。スペイン戦線での「倒れし兵士」の一枚で勇名となったロバート・キャパは、１９５４年にフランス軍に従軍、終戦の直前だったのにタイビン省で地雷を踏んで即死している。

戦後アメリカのメディア対策

1981年に大統領となったロナルド・レーガンは、「もっとうまくやればベトナム戦争は勝てたのだ」と米市民の自尊心をくすぐった。さらに「戦場での自由な取材を禁止していれば反戦世論を潰せた」として「今後の戦場での取材は軍が管理するプール取材（代表取材）にする」とのディーバー・ルールを採用した。

ディーバーは大手広告業界にいた宣伝のプロフェッショナル。レーガンに求められて政府に有利となるメディア対策を考え出した。①質問する相手は軍が推薦した兵士に限る。②米軍死傷者の撮影は禁止。③取材先は軍が決め広報官が同行する、とした。これでは戦争の残虐さは隠され、軍のプロパガンダ、大本営発表のみとなってしまう。その結果、91年の湾岸戦争では、花火のように飛んではじけるミサイル攻撃ばかりが公開され、バグダッド住民の悲惨な状況は取材不許可となって隠されてしまった。僅かにピーター・アーネット記者が規制を破ってバグダッドに入ってのレポートを行なったが。

情報の捏造はトンキン湾事件に限らなかった。湾岸戦争での「イラク兵が保育器の赤ん坊を殺した」との「ナイーラ証言」は、広告宣伝企業によるヤラセだったことが判明した。海鳥が石油にまみれて真っ黒になっている姿は「イラクがやった」と発表されたが、実は米機の空爆で破壊された石油タンクからの流出オイルによるものと後に暴露されている。

大量破壊兵器は無かったのにイラク侵略、大統領を殺害

決定的だったのは9・11後にイラク侵略を行なう理由とした「大量破壊兵器と化学兵器を隠し持っている」は、開戦後に現地に入ったCIAが「イラクには存在しなかった」と否定した。しかしその頃にはバグダッドは壊滅、捕らえられたサダム・フセイン大統領は理由もなく米軍に殺害された後だった。米メディアは「大量破壊兵器…は虚偽だった」と、軍の発表を垂れ流したことを自己批判したが、同じように1面トップで報道し続けた日本のメディアの訂正・反省はなかった。大量破壊兵器を根拠として自衛隊のサマワ派遣が公然と行なわれたにもかかわらず、である。

イラク戦争ではアメリカの報道統制はさらにエスカレート。「詰め込む」という意味の「エンベッド」方式になった。軍に登録した記者らは軍の指示に従うよう義務付けられることとなったが、米メディアはそれを受け入れた。日本政府もそれを導入、サマワ報道で各社は自衛隊に登録した。安全圏にいての行動である。どこでどんな取材をしたか。それは形を変えた自衛隊による検閲システムを成立させるものであった。その結果、戦場を命がけで取材するのはフリーランスだけとなってしまった。それに各社が頼るという情けない状況を生んだ。

真実の報道が〝規制される〟とき、それが何のためなのかを鋭く問わなければならない。情報を統制した戦前の日本軍部が、失敗を隠し続けたあげくに敗北、300万人の犠牲を国民に強いた事実を忘れてはいけないのではないか。

第6章　カンボジアに行く

カンボジアで何が起きていたか

1979年、カンボジアはまだ混乱の中にあった。

1月7日にカンボジアが解放されプノンペンからポルポト軍が追い出されたとはいえ、現地に取材に入るのはまだ危険とされていた。しかし、中越国境に行く直前の高野記者の最後のルポルタージュは、1月にカンボジアに入ってまとめたものである。フランス共産党機関紙のユマニテの記者とともに現地取材した記録が残されていた。カンボジア報道は彼のラスト・メッセージである。遺言ではないとはいえ、その足跡をたどり現地を取材するのは、ささやかな供養となるのかもしれない。今、日本に帰って高野が背負った悲劇をくり返し話すというのはやりたくない。だったら今こそ本格的なカンボジア取材をすることに意味がある。

行こう。そう決心して、私が所属する㈱JPSジャパンプレスとその契約社であったVNA編集局に申し入れた。すぐに「難しい」との返事が来た。現地には食料もなければ水道もない。

ガソリンの補給もできないし危険もある、と。しかし私は粘った。短時日とはいえ赤旗やユマニテ紙は入ったではないか。数日を経てOKが出た。私は勇んで身支度を整えた。

カンボジアで殺された柳沢武司君のこと

カンボジアには因縁があった。私の同郷の親友であり長野県諏訪清陵高校の同窓生であった柳沢武司君が1970年5月、取材中にポルポト軍に殺されていた。日本電波ニュース社（NDN）のハノイ特派員であった彼は、死ぬ前の3月に日本に一時帰国していた。酒好きだった彼とは郷里の諏訪で地酒の「真澄」を飲み、浦和でも焼き鳥にかぶりつきながら、阿部治平の家で徹夜で飲み明かしたものだった。

1970年3月、アメリカと組んだ親米派の軍人ロンノルがクーデターを起こし、シハヌーク政権を倒した。シハヌーク国王が北京にいた時だったが、国王はクメールルージュと組んでカンプチア民族統一戦線を結成。米軍はロンノル側を支援し、彼らのクーデターを成功させた。その政権の承認のもと、南ベトナム解放戦線の補給ルートを断つのだとして、カンボジア領内への爆撃を公然と開始した。カンボジア内戦の始まりである。

その3月、日本に帰国していた柳沢武司君に「ハノイに戻れ」との電報が来た。カンボジア取材をやらなければならないと、彼は飲みながら話した。彼は1958年に私が上京した直後、宿もなく金もない事情を汲んでくれて「俺の下宿に来いよ」と言ってくれた。世田谷の4畳半の狭い部屋に私は転がり込んだ。兄弟のように親しい無二の友人であった。「インドシナのどこかで会おうぜ」という言葉を残し、4月初めに彼はハノイに発った。

私は5月にジャパンプレスの取材でエジプトに向かうこととなった。インドシナ人民支援国際会議がカイロで開催されたからだ。現地ではエジプト政府・情報省でプレスカードを取得しなければ取材できない。40℃近い高温の中、長い間待たされてカードの発行を待った。情報省にはたくさんのテレタイプが並んでいる。海外の通信社AFPやロイター、APなど各社別になっていて、休むことなく英文ニュースを打ち出している。退屈しのぎに打ち出される文字を追っていると、「日本電波ニュースの柳沢武司特派員がカンボジアで行方不明。戦闘に巻き込まれたか」という内容が飛び込んできた。UPI電である。「何だこれは?」と思い読み返してみたが、間違いない。それ以上の情報はどの通信社にもない。何が起きているのか判断できないまま気がかりだけが残った。

6月に私がエジプトからハノイに入ってのち、日本電波ニュースの支局で柳沢特派員はカンボジア取材で急遽現地に派遣されたことを知った。助手のカンボジア人と2人でバイクに乗り、プノンペンから国道4号線を南に向かっている途中でクメールルージュのポルポト軍部隊につかまり、処刑されたことも分かった。当時はカンボジアの中にベトナム派部隊とポルポト派部隊が混在していた。ベトナム派につかまったジャーナリストはアメリカ人であってもみんな釈放されたが、ポルポト派に捕まると残らず殺された。末端の兵にまで外国人はスパイであると

ベトナム戦争で殉死したジャーナリスト。左上の角にいるのが柳沢武司（戦争証跡博物館）

いう教育が浸透していたのだ。共同通信の石山幸基記者やフジテレビの日下陽記者と高木裕一郎記者、写真家の沢田教一、フリーの一ノ瀬泰三など多くのジャーナリストがその後も殺害されている。

私は、柳沢武司君がベル&ハウエル社製の16mm撮影機フィルモのネジを巻きながら、勇敢に撮影を続けていた姿を今も思い出す。ハノイ爆撃で米軍機が紅河堤防を破壊して大洪水を引き起こそうとしていた時も、彼は堤防の上に立ったままシャッターを押し続けていたのだ。逃げずに米軍機をとらえる男。そんな人間がカンボジアでわけもなく無残に殺されたのだから、これほど悔しいことはない。

柳沢君の奥さんの三根さんは3歳の健司を抱えていた。これからどう生きてゆけばよいのか、苦しい日々が待つのではないかと、心配することしかできなかった。

ベトナム側の情報によれば、柳沢の遺体は、結局国道4号では見つからなかった。この辺に埋められたようだという話はあったが、カメラもバイクも奪われて遺品は何も残っていなかった。遺体は放置されれば野犬に食い荒らされる。しかしカンボジアに入りさえすれば、彼の取材ルートを辿り、なぜ殺されなければならなかったのかを調べられるのではないかと私は考えたりした。

ポルポトという男はどのような思想に基づいて行動したのか。外国人はもちろんのこと、カンボジア国民を大量に虐殺し、何を得ようとしていたのであろうか。謎だらけの急進主義者であった。フランスに留学していたポルポトやキューサンファン、イエン・サリらはフランスが植民地支配していた時代のカンボジアの反植民地運動を知らない。ベトナム戦争当時の民衆の反米抵抗闘争も知らない。戦禍にさらされてきた国土と国民の苦闘に触れることの無かった彼らエリートは、解放や革命を形而上学的にしか理解できない集団であった。

プノンペン市民を銃で脅して追い立てるポルポトの兵士（VNA=JPS）

過激な急進主義はそんな土壌の上に築かれた。フランス政府も彼ら留学生らがベトナム側と連帯するのを望まなかったとされる。単純明快さで暴力に行き着く極左思想は、「外国人はスパイである」という短絡に繋がった。それどころか、日本を含む海外各国にいたカンボジア留学生たちを急遽帰国させ、全員をスパイとして殺害するという狂気をも示すことになった。自分たち以外は誰も信用できないという疑心暗鬼のエリート集団。それは自国民さえ次々と虐殺してゆく凶暴な暴力装置と化していった。

柳沢の肖像写真は今もホーチミン市の戦争証跡博物館に掲げられている。インドシナにおける戦争の中で犠牲となった各国のジャーナリストたち数十人の中の一枚である。高野功特派員の肖像もそこにある。

死屍累々のプノンペン

ハノイを出るジープにはベトナム通信ＶＮＡの記者らと運転手、そして私の総勢４人が乗り込んだ。座席後部にはガソリンを入れた大きなドラム缶が乗せてある。ガソリンスタンドなどは戦後のベトナムにはまだないから燃料はジープに積んで運ぶしかない。車が揺れるたびに少しずつガソリンは漏れて匂う。そんな中で運転手が平気でタバコに火をつける。それだけは拝み倒してやめてもらった。

数日をかけて国道をハノイから南下し、サイゴンに到着した。だがカンボジアに入ろうにも現地には店もなければ食堂もない。サイゴンの市場でまず手配したのは食料となるものだった。生ものはダメだから米。そしてタラの干物のような乾物と塩。有難いことに４年前の解放当時にサイゴン軍が兵站部の倉庫に残していたインスタントラーメンが市場で見つかった。背丈ほどもある麻袋に数百個が入っている。袋を開いて点検すると、全体が白カビに覆われてくっつきあい巨大なひと固まりとなっている。はぎ取ってみても黄色や赤いカビはない。これなら何とか食べられそうだとなって購入した。灯油タンクは洗剤を入れてよく洗い、水道の水を満たした。サイゴン・ビールの小瓶も何ダースか仕入れた。しかし現地にはまだポルポトの敗残兵がいるかもしれない。今度こそは銃を持つ護衛兵が必要だった。VNAサイゴン支局とカンボジアの通信社SPK（サポラメアン・カンプチア）の手配で除隊したばかりの若い兵士がベトナム語もカンボジア語も話せるということで同行してくれることとなった。

カンボジア国境を越える

3月25日、国道1号線を西に向かった。国境のタイニン省まで150キロあまりは半日で着くことができた。まだ戦乱の破壊が残る埃だらけの道だった。国境の町サマトはカンボジア領内とともに米軍の枯葉作戦が展開され、森も畑も消失していた。子供の先天障害も多発した地域であった。

人家が途絶えた先に国境検問所があった。森も畑もない荒野に竹竿で通せんぼしただけの関所である。許可証を見たカンボジア（ベトナム?）兵が顎をしゃくって通れと合図した。車は再び赤い土埃をあげてカンボジア領内を走りはじめた。カンボジアの4月は雨期の始まり、一年のうちで最も暑く気温40℃前後になる季節である。幌をかけただけの開放型ジープでも汗は止まらない。辺りはしばらく前までポルポトが恐怖支配を敷いていた領域である。初めて踏み込む不安を抱きながら車は赤土の平原を突き進んだ。

コンポンチャム周辺が砂漠化しているのは、60年代末に秘かに行なわれた枯葉作戦が原因である。すべての森林が枯死し、赤いラテライト土壌の地表が露出していた。カンボジアへの枯葉剤散布は宣戦布告もしていない国に対する大規模な破壊行為であるから、国際法違反となる。米軍は戦後に南ベトナムへの散布データを公表したが、カンボジアへの散布についてはいまだに秘匿していて公表はしないままだ。

ゴーストタウンと食べ物探し

コンポンチャムに泊まれそうな家はなかった。壊されたお寺の残骸があって、わずかに残ったお堂の中に入れば雨風をしのげそうだ。夜になってそこに忍び込んだ。入り口近くには護衛の兵士が銃を脇に置いて横になった。解放されたカンボジアとはいえ、すべてを失った人々が荷物を背負った我々を見れば泥棒にも変身しうる。警察もいない。ポルポト軍だけでなく、そんな相手への警戒も余儀なくされるのだった。

プノンペンには営業しているホテルもなければ食堂も店もない。すべて破壊されて街全体が静まり返っていた。空き家となっている商店の中を覗くと、乾いて縮んだ死体が転がっている。道路わきの側溝にも白骨化した何体もの遺骸がある。街はまさにゴーストタウンであった。

プノンペン一の高級ホテルだったモノロム・ホテルに入ってみると、人影はないものの寝台は残っており、何とか泊まれそうであった。私はカギの壊れたままの4号室で眠ることとした。廊下の向かいの9号室は前年の78年にポルポト派に招かれたイギリスの研究者がポルポトの配下、黒服の男たちに殺害された部屋であった。

1階の食堂で、持参したカビだらけのインスタントラーメンを食べるべく水を探したが水道は全く出ない。中庭にあったプールの水を使うしかないと思い、鍋に水を汲もうとしたら何かが臭う。目を凝らすと何体もの死体が浮いているではないか。思わず後ずさりをした。

この水は使えない。かなり探したあげく、軒下で雨水をためた防火水槽を見つけた。おそるおそる蓋を開けてみると、薄い緑色の水にボウフラがうごめいてはいるものの、水面には落ち葉が浮いているだけだった。その水を鍋に入れ、庭で炊いた火で沸かした。濁り水であっても沸騰させさえすれば安全である。ラーメンが胃に入った。ホテル内でも時おり銃撃音が響いた。その都度テーブルの下にもぐった。逃げ遅れたポルポト軍の敗残兵が窃盗団となって、まだあちこちに潜んでいるらしかった。

ベトナム軍は前年の12月28日に10万人の部隊をカンボジアに入れている。メコンデルタにまで侵入して村々のベトナム住民を虐殺し「ここは元々カンボジアだ」と叫んだポルポト軍に対する反撃であった。12月2日にはポルポト軍の内部で反乱を起こしたヘン・サムリンやチアシムらが国境地帯のジャングルに逃げ込んだうえで、カンボジア救国戦線軍を結成した。その軍隊に合流する反乱部隊も日ごとに増えていた。そうした勢力と連携したベトナム軍がポルポト

虐殺された住民の遺骸。プノンペン郊外で

政権を追い詰め、崩壊させたのが79年の1月7日であった。ポルポトらは西方のタイ国境シソポン方面に逃げる。連合軍は直ちにサハコーと呼ばれた強制収容所に閉じ込められていたカンボジアの人々を解き放った。

国道に出てみると、家族単位だろうか小さな集団で人々がとぼとぼと歩いていた。知識人は殺され、餓死者まで出たカンボジアである。立ち直るまでには長い年月を要するに違いないと思わせる光景だった。

郊外まで進むと畑が広がっていた。集団農場だったのであろう、人の姿はないが緑に覆われていた。野菜不足だった私はその畑にはいりこんで食べようと思った。だが作物は全く見当たらない。よく見ると枯れた花が黄色く萎んでいる。カボチャの花だった。花の根元に丸い実が付き始めている。ビー玉ほどの大きさしかなかったが、それをいくつも採って花ごと口に入れた。うまいと思った。

肉などの入手も無理なことだった。蛇やトカゲも人々に食べつくされていて影も形もない。ある時、道路に大きめの山鳥が舞い降りたことがあった。50ｍほども離れている。護衛役の若い兵士がそうっと銃を構えた。見事に一発だった。焚火を起こし、鳥を羽もろともに焼いて足をもぎ、手羽をちぎって皆でわけた。久しぶりの貴重なたんぱく質だった。水分は、トトノットと呼ばれる砂糖ヤシの木に、生還した誰かがぶら下げたであろう竹筒の中の液体を飲んで補給した。もちろん無断での盗み呑みである。ヤシの花芽の根元を切り、そこに竹筒を半日もぶら下げておけば糖分の多い樹液が滴って溜まる。筒の中を見ると液上に沸き上がった泡が膨らんでいる。その表面で大きな蛾や蟻がうごめいている。それを吹き飛ばしながらごくごくと飲んだ。暑さで糖分が発酵し、ビールもどきのヤシ酒となっているのだ。昼日なかから赤い顔をして取材することとなる。でも水分の補給はそれに頼るしかなかった。

果物ナイフで膿瘍を切開

汗だくになっても風呂もシャワーも現地にはない。体中汗疹《あせも》だらけになりながらの毎日だった。ジープの堅い椅子に座って移動しているうちに、臀部に汗疹のヨリができた。走っている間も痛いのでジープの天井の鉄パイプにつかまって腰を浮かし続けた。どうやら膿が溜まって腫れたようだ、尻がパンパンに膨れ上がっている。医者はいない。放置すれば敗血症だ。苦痛と発熱に耐えきれなくなってタインに切開を頼んだ。

宿の一室でみつけたのが、先端は尖っているが切れ味の鈍い果物ナイフだった。麻酔薬はない。私はズボンを下ろして椅子にしがみついた。彼がナイフを臀部に突き刺した。遠慮があったのか浅い。もう一度深く切り開くよう頼んだ。彼はナイフを持ち直し、声を上げながら再度刺した。黄色い膿が噴き出した。それをさらに絞り出してもらった。激痛で気が遠くなるほどだったがこうやるしかない。バッグの中の赤チンを取り出して塗り、傷口が開かぬようにガムテープを貼った。こんな野戦病院型の処置なのに痛みはずいぶん軽くなり、その後の取材をなんとか続けることができた。

後日談だが、半月ほどたって帰国したのち、尻がまだあまりに痛く腫れあがっているので川口市の済生会病院で診てもらった。やはり膿がたっぷりと溜まっていた。切開した医師は「こんな状態の患者さんを手掛けたのは初めてです。膿がドンブリいっぱいほど出ましたよ」と驚いていた。これ以上放っておくと敗血症になって命にかかわります、とも医師は言った。

病室にまでついてきた4歳の長男が、処置のあいだじゅう「お父さん痛い?」「大丈夫?」と半泣きで騒いだのを覚えている。

中国の海洋進出

ベトナム在住中国人

戦争中、ベトナム在住中国人は華人（華僑）と呼ばれ、およそ150万人がいた。そのうちの120万人は南に住んでいた。高野功特派員がランソン取材に入る前に日本に送った記事からは、その華僑・中国系住民に関わる形で中国が以前からベトナムを脅かしており、中国のベトナム侵略は計画的であったことが明白となっていた。こうした現地の実態報道は、ハノイに支局を置いていた赤旗の独壇場なのであった。高野特派員の記事を一部紹介する。

1978年5月初め、中国がベトナム在住中国系住民の帰国問題を騒ぎ立て始めてから、両国関係の悪化が一挙に表面化しました。……実際には前年暮れ、カンボジアのポルポト政権がベトナムの国交断絶を通告し、ベトナム・カンボジア国境紛争が明らかになった直後から始まっていたのです。中国が大使館員らを使って華僑におこなった宣伝は、こう言っていました。「中国はベトナムと敵対しているカンボジアを支持している。中国とベトナムとの間で戦争が勃発するだろう。ベトナム在住華僑は被害を受けるだろう。だから何とかして早くベトナムを離れなければならない」……「中国とベトナムの戦争が起これば、ソ連もベトナムに入る。華僑は真っ先に殺される。中国が入っても裏切り者は殺される。帰るなら今のうちだ」……このような華僑にたいする心理戦は、特に中国と国境を接しているベトナム北部各省で精力的に行われました。カオバン省、ランソン省、クアンニン省でそれが激しかったようです。クアンニン省モンカイ県では7つある農業協同組合のうち、中国系住民だけからなる3つの農協の組合員が、それこそ根こそぎ中国に帰国してしまうという事態も起きました。また、クアンニン省の炭鉱労働者、漁業協同組合の漁民、ハイフォンの港湾労働者などが大挙して帰国したのです。そして中国は「これがベトナムによる華僑迫害の結果だ」と宣伝しました。ところが、この十数万人に上る帰国華僑の中から、一万人を超す「華僑部隊＝山岳師団」が作り上げられ、今回のベトナム侵略の先兵に仕立て上げられたのです。

ベトナムにいた華僑は現地の山や平地の地理に詳しくベトナム語も中国語も自由にあやつれるため、中国は中越戦争で密偵としても徹底的に重用したのであった。

中国との国境交渉は１９７４年と77～78年にも行われていた。78年6月の時点で中国は、ベトナムが従わない場合には侵略さえありうるという脅迫を行なっていた事実も明らかにされた。79年にプノンペンのポルポト政権を崩壊させたことを理由にして「ベトナムを懲罰する」とした中国の「侵略の大義」は虚構であり、実はもっと前からベトナム国境を侵犯する戦略が発動されていたのであった。

1979年1月から2月にかけて、鄧小平は日本とアメリカを訪問している。そこでも鄧は「ベトナムに必要な教訓を与えなければならない」とか「ベトナムに制裁を加えなければならない」（2月7日）などと発言していた。アメリカも日本もそれに了解を与える姿勢をとった。そして2月17日の中国軍によるベトナム侵略が始まっている。

79年2月26日付のハノイ発高野特派員電は、ベトナム人民軍紙クアンドイ・ニャンザンの論評を伝えている。「中国が1975年のベトナム全土解放以来、一貫してベトナムに対する破壊工作をおこなってきたと非難し、……抗米救国時代の援助と引き換えにベトナムを自分たちの軌道に組み入れようとして失敗した中国は、この4年間、カンボジアのポルポト政権を利用してベトナムを攻撃し、北部国境の緊張を激化させ、『華僑問題』を利用してベトナム国内で混乱を引き起こし、経済的圧力の強化などをおこなってきた……」

1975年に終結したベトナム戦争ではあったが、その後に複雑な問題も残った。

南ベトナムに住んでいた華僑は、サイゴンの戦時経済を仕切っていたとされる。それへの対応もトラブルとなった。お米をはじめとするあらゆる食糧・物資の流通を華僑組織が支配していたからだ。

ベトナム政府は戦後になって華僑に対する政策で混乱もする。「外国人は本国に帰る方がよい」という対応もあってサイゴン・チョロン市場周辺の中国人街は一時、灯が消えたような寂しさとなった。

戦後、レ・ズアンがベトナム共産党書記長となると過激な〝社会主義化〟を打ち出して南の人々を管理しようとした。その路線は後に撤回されるのだが、南の農民は「合作社（人民公社）」に入れられて個人営農は否定されてしまう。「ブルジョア的商業の廃止」が掲げられると、昔から住んでいた中国系ベトナム人・華僑はパニックに陥った。中国から流される「殺されるぞ」という虚偽の情報もあって、それにも怯えた。海外に出る航空便は僅かしかないし、運よく乗り込めたとしても、ドルも現金も空港で没収されてしまう。何とか資産を持ち出さねば生きては行けない華僑・華人の多くは、ボートピープルとなって海外に逃れ出る命がけの道を選ぶしかなかった。

華人だけではない。サイゴン政権の高官や、そのもとで利権にあずかっていた人々も逃げ出した。持っていた全財産、全紙幣は純金と交換された。金塊を細分し、薄く伸ばして服に縫い込める。あるいは板張りの小舟の隙間に針金状にして埋め隠したりした。タイ・シャム湾の海賊たちが、そうした船は貧しい難民ボートというよりも金塊が隠されている船なのだと知ってしばしば襲いかかるようにもなった。女も子供も含めて皆殺しにされることもあった。調達した小舟が沈没したりして香港など目的地にたどり着けない悲運の人々も出た。

今ではチョロン市場も復活して中国人街は賑わっているが、ベトナム側は目立たないように警戒をおこたらないようだ。戦争中に米軍が組織した「FURLO＝ベトナム民族（キン族）の支配に反対する少数民族組織」は、戦後20年間もベトナムとラオスの国境地帯でひそかにベトナム政府の転覆を狙う武装闘争を行なってきた。それを中国までもが支援してきたからだ。

しかし経済的に窮地に陥った戦後のベトナムが１９８６年、自由市議経済の導入によるドイモイ路線に踏み切ると、〝ブルジョア商業〟などと糾弾するいわれはなくなる。商業も工業も盛んとなり経済は伸長する。国民所得も増えて不安定要件は消滅していった。

南シナ海の島々の占領

ハイフォンの東に広がるトンキン湾（パクボ湾）の海上の境界線は、かつて清朝政府とフランスとの間で合意したラインに基づくとの中越の合意を中国は無視した。海底油田の存在の可能性を見たからである。米軍が撤退した直後の１９７４年、それまで南のサイゴン政権が支配していたホアンサ（西沙群島）を中国軍が突如占領してしまったのもそれである。トンキン湾上の境界線が曲がりなりにも確定したのは２０００年のことであった。

もう一つ、大規模な紛争が生じた。南シナ海にあるベトナム領のチュオンサ（南沙）群島に対して、中国は占領のあげく自国領だと宣言してしまったことだ。

１９８８年、中国軍はチュオンサ（スプラトリー）諸島（南沙群島）を守備していたベトナム海軍の64名の兵を殺し、占拠した。南沙群島の18に上るに島々に海軍艦艇を派遣し、軍事占

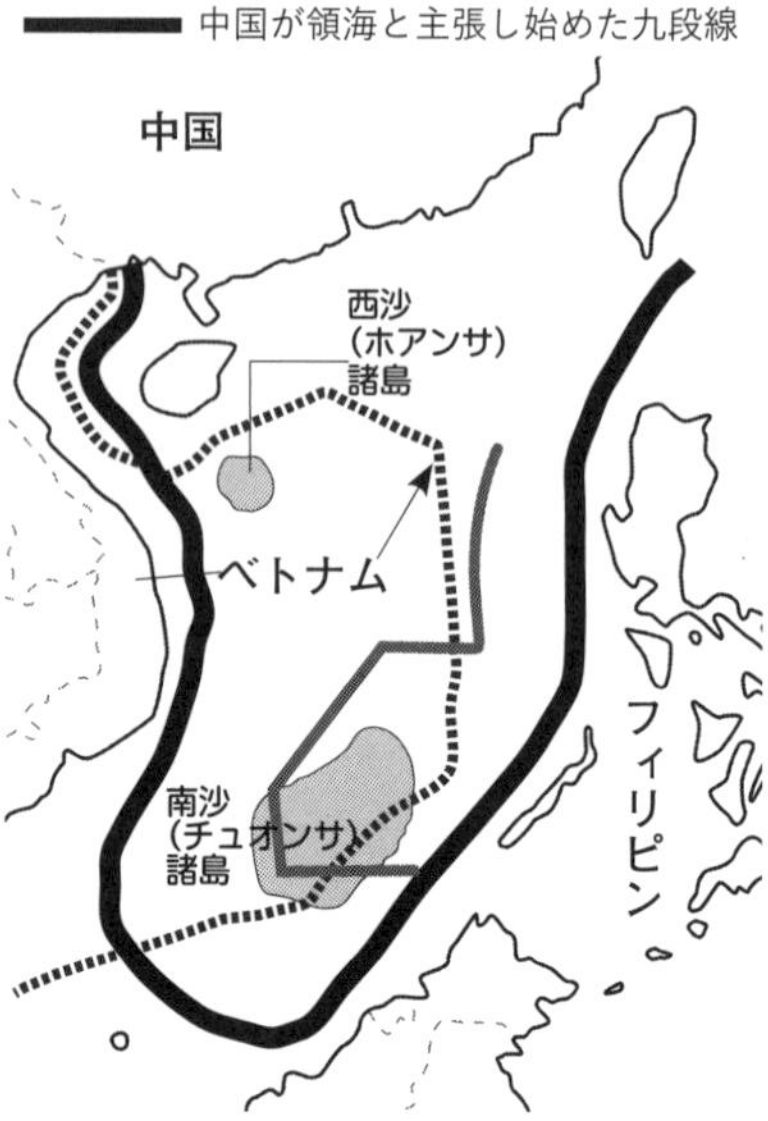

九段線

領してしまったのである。ベトナムは古文書を提示したりして、ここは昔からベトナムが領有していた島であり、不法占領だと繰り返し抗議した。だが2011年5月末にはベトナムの海洋調査船のケーブルを中国軍が切断し、ベトナムの漁船を銃撃している。海底資源を軍事力で独占する戦略である。

中国は珊瑚礁の散らばりにすぎなかったチュオンサに大量の土砂とセメントを本国から運び込み、ジェット戦闘機が離着陸できる滑走路を擁する巨大な軍事基地を建設してしまった。そこはベトナムに近いだけでなく、フィリピンやマレーシア、ブルネイにも近く、それぞれが領有権を主張している海域であった。だが中国は、それら諸国の沖合ギリギリまでがすべて中国の領海だとする「九段線」を一方的に引いてしまっている。環礁の一部は台湾も占拠している。

中国がホアンサ（西沙）群島を占領したのは1974年である。ベトナム戦争中ではあったが米軍が南ベトナムから一応撤退したのを機に、中国はサイゴン軍を追い出して占領した。サイゴン政権も海底油田の調査を広範囲でやっていたのだ。それを武力で領土を奪い取るというやり方で領有している。海洋地下資源を奪取するのが目的だった。ベトナム戦争末期に中国を訪問したニクソンとの間で話がついていた可能性を匂わせる行動である。

1945年に日本軍を追い出して建国した解放直後の中国は極めて謙虚だったが、今では経済発展と軍事力の拡大とともに傲慢な領土拡張欲を隠さない国となった。強固な一党支配、個人崇拝を定着させたあげく、いつの間にか帝国主義的進出を当然とする国家となっているのではないか。戦後のベトナムはそうした中国とのセンシティブな関係のもとで、外交による平和的な問題解決の方策を模索する以外になかった。

2014年にはベトナム各地で反中国デモが起きた。中国企業がベトナムのホアンサ海域で油井の掘削装置・リグを設置して試掘を行なったのがきっかけだった。ベトナムは約30隻の船を使ってこれを阻止しようとしたが。中国はそれに倍する船舶を動員して衝突させた。中国がなし崩しの形でベトナムの領海を奪い続けていることへの抗議だった。

中国共産党が祖国解放戦争を担っていた当時、他国や他民族を圧迫するような思想はその片鱗さえなかった。劉少奇が著した「国際主義と民族主義」に関する諸論文は、あらゆる民族に自立と独立を認める高いレベルの理論に貫かれていた。それが毛沢東による権力闘争だった文化大革命の中で否定され、劉少奇は粛清されてしまう。文革後の中国は驚異的な発展を遂げ、経済力軍事力ともに世界を揺るがしうる地位に到達する。そうなった段階で見え始めたのが、

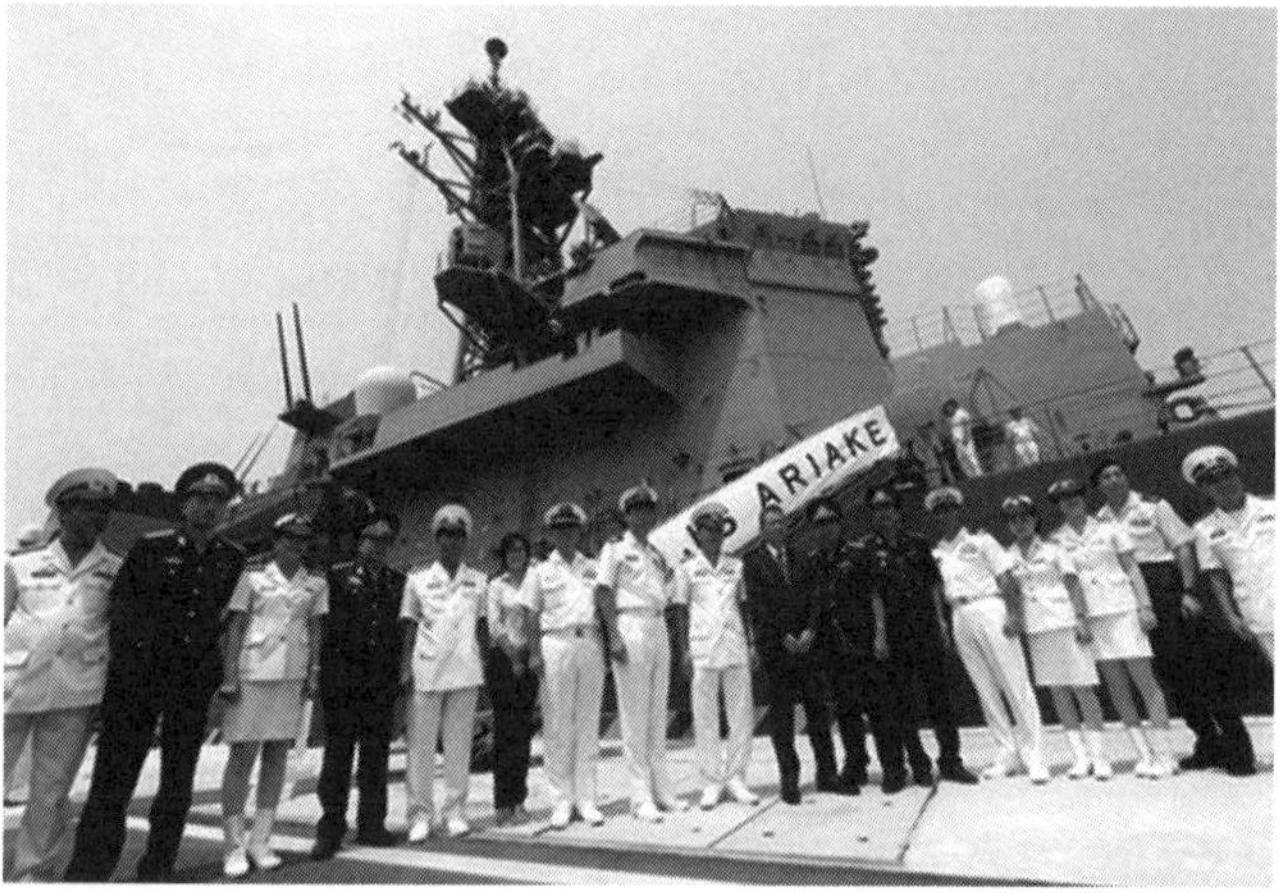

（上）カムラン湾に入った米第７艦隊艦船
（下）カムランの自衛隊護衛艦ありあけ（2016VNA）

武力を背景に強引な進出を図る中国の姿である。話し合いもせずにベトナム沖やフィリピン沖はすべて中国の領海であるとして九段線を引き、その内側にある環礁を埋め立てて軍事基地を建設してしまうなど、かつての中国にはありえなかった態度である。

軍事力の優位が弱小国に対する傲慢さを当然のこととする。「社会主義を標榜する国」でありながら、帝国主義的論理が衣のうちに透けてみえる。ロシア同様、大国主義思想が大手を振り始めている。

ベトナム戦争中に米海軍の主力基地であったカムラン湾に、ベトナムが米海軍第7艦隊艦艇の寄港を初めて許したのは2011年、戦後36年を経てのことであった。南沙群島にも近い軍港であり、それは中国に対するあからさまな牽制とも見られた。対中国シフトという点ではベトナムとアメリカの利害は今では一致してしまっている。だが、奇異に見えるのは、日本の海上自衛隊艦隊までがカムランやダナンに寄港し始めている事態である。米海軍艦艇との日米合同演習は南シナ海でも行なわれている。米国との間で集団的自衛権を認めた日本は、いざコトがおきたら米軍とともにここでも中国と戦うつもりなのであろう。

本当に日本有事なのか

「台湾有事は日本有事だ」と2021年12月に大見えを切った安倍元首相。中国が台湾に軍事行動を起こしたら、自衛隊の若者を前線に送りだすのか。あるいは中国にミサイルを撃ち込む決意なのか。敵基地攻撃能力が公然と叫ばれ、長距離ミサイルの配備を南西諸島にまで広げている日本。軍事力において世界第2位の中国とはすでに大差がある。

２０３０年には中国は１６００発のミサイルを保有することになるという。それが大陸にある無数の軍事基地に配置される。位置が不定で分からない潜水艦にもミサイルは搭載されているはずだ。敵基地攻撃能力が必要だと言って日本は７００発のトマホークをアメリカから爆買いした。それで中国と対決しようと考えているのだろうか。反撃されれば、日本は灰燼に帰する危険がある。ミサイル基地だけではない。日本各地にある54基の原子力発電所がドローンやミサイルの標的となれば、次々と核分裂を誘発し、それぞれが原爆投下と同じ大惨劇を引き起こしかねないのである。

２０２２年12月に岸田政権が国会論戦を避けて示した日本の防衛政策の大転換は、安保関連3文書を閣議決定で通すという前代未聞のやり方であった。踏襲されてきた専守防衛の考え方を放棄し、敵基地攻撃能力を持つことが宣言されたのである。防衛費は5年間で１・５倍以上の43兆円に急増させる。そんな危機が日本に迫っているのか、ただアメリカに言われたままに動いているだけのことではないのか。元自衛艦隊司令官だった香田洋二氏は「身の丈を超えたものだ」と東京新聞の取材に答えている。

アメリカは、米軍の代わりに日本が正面に出て戦ってほしいのだろう。日本は楯だという。そんな日本の身売りを誰が画策したのか。国をアメリカに差し出すことが安全保障ではない。

国民の暮らし、食糧、生命を守り、平和外交を貫くことこそが安全保障なのだ。安倍元首相はとんでもない売国の約束をしてきたものである。

２０２２年暮れに明らかとなった岸田首相の安全保障三法案は、アメリカの「兵器を買え、米軍に代わって戦え」といった要求をすべて満たす内容であった。54兆円の軍事費が投入される。そうすれば世界第3位の軍事国家となる。だが、日本のメディアの大半は「その財源はどうするのか、税金か国債か、復興財源を充てることができるか」といった些末な話へとコントロールされてしまっていた。憲法違反の軍備強化が日本をどこへ導いてゆくのかという根本的な論議が、捨象されてしまったのである。

愚かにも日本が軍事力を行使することによって、おびただしい犠牲者を生みだした戦前のアジア。それをきちんと振り返ることをせずに進んでしまう日本の軍備強化。南西諸島へのミサイル配備などは、またもや沖縄列島を戦場にすればいいという、とんでもない間違いである。それはアジア諸国の反発を招くにとどまらず、日本そのものが自滅に向かうことを意味するのではないか。

自衛隊の各基地司令部は全て地下要塞化されるという。これで司令官らは生きのびるかもしれない。だが地下を持たない国民はどこに逃げればよいのか。全国民を避難させ得る施設建設には６００兆円が必要となるから無理な話だという。内閣官房・Ｊアラートのサイトでは「近くに適当な建物等がない場合は、物陰に身を隠すか、地面に伏せ頭部を守ってください」とある。ミサイルによる反撃が来るだろうから、核戦争になっても国民はこうやってそれぞれ生き延びよと。

真珠湾先制攻撃が敗戦への第一歩となった日本

ベトナムは歴史的に列強の侵略に対する防衛戦争を、武器を手に続けてきた。それは抵抗し戦わざるを得ない者のレジスタンスであった。

いっぽう日本はと言えば、パールハーバーへの「敵基地先制攻撃」で始めた戦争でみじめな敗北を喫している。徴兵された日本軍兵士らは捨て駒でしかなく、純然たる戦死以上に大陸や南洋の外地で餓死・病死の運命をたどった。中国大陸とアジア、「大東亜」に踏み入った日本軍部隊は1000万人の現地住民を殺してもいる。負けいくさ続きで追いつめられた日本の軍部・大本営が「本土決戦だ」という狂気の戦術を掲げた結果、原爆投下をはじめとする大空襲や沖縄戦の焦土作戦を引き寄せ、軍民合わせて300万の国民を死に至らしめることとなった。正義のかけらもない戦争はもうコリゴリだという記憶が日本人には刷り込まれているはずである。本土決戦などとぶち上げる前に降伏すればよかったという思いがある。

それがベトナムとの違いとなったのであろう。中越戦争での中国の若い兵隊に対しても「兵は使い捨てという宿命にあったのだ」というような視点を私がホーチミン総合大学で示してしまったのは、いまだに生死をかけた臨戦態勢を余儀なくされるベトナムでは、生っちょろくて理解されない見解だったようである。

それにしても、大軍拡路線に踏み出した現在の日本は、いったいどこと戦争をやろうとしているのだろうか。

マイナンバーの強制と戦争準備

日本政府は、マイナンバーカードについて、登録すれば2万円分のポイントをくれてやるとのキャンペーンを展開した。政府が金を払ってでも国民に登録させようとしているマイナンバー制度とは何か。繰り返される膨大なテレビCMや新聞広告を加えれば1兆数千億円も費やしている。

マイナカードには健康保険証も入れるという。つまり本人が病気持ちか健康かをすべて政府が把握することにもなる。銀行預金の額を入れることも奨励されている。これで全市民の経済状態が判る。顔写真を含め、全国民の個人情報を政府はなぜ握りたいのか。メディアは政府の宣伝どおり「登録すればどれだけ便利になるか」ばかりを報道して、政府の意図を伝えない。経団連などは「早くやれ」とばかりに政府の尻を叩いている。各種個人情報との紐づけが行われれば、産業界にとっては「宝の山の情報」になるのだという。こうした目論見が聞こえてこない。

マイナがあれば徴兵しなくても兵は集まる

アメリカではベトナム戦争後に徴兵制が廃止された。青年たちの反発が激しく徴兵拒否が拡がったからだ。兵は志願制となった。そこで決め手となったのが個人社会保険ナンバーだった。病気がなく健康だが貧しい若者が標的となる。兵員募集係が高校の中まで入りこみ、「3食昼寝付きで給与は貯まる一方。除隊後は大学にも行ける」との甘言で兵役志願に誘導した。相手の状況は判っているから、徴兵検査は必要ない。イラクやアフガンに送られて前線で死傷した兵士らはこうした若者たちであった。

2023年2月28日、赤旗紙に出た見出しは、「自衛隊に個人情報6万人、北海道3市、周知せず提供」という衝撃的なものであった。

自衛隊員を募集するための個人情報を札幌、旭川、帯広の3市が市民に知らせずに自衛隊に与えていたというのだ。「札幌、旭川では18歳から22歳、3万6823人。帯広では18歳から32歳まで2万3179人で、住民台帳に基づき住所、氏名、生年月日、性別が提供された」「札幌では、情報提供を望まない場合は除外申請ができるとHPに掲載したとしているが、提供することが対象者本人に知らされていないため申請者は2人のみ。旭川、帯広では除外申請の受付さえ行なっていなかった」「自衛隊が役所で情報を『閲覧』する形から提供に代わったのは2020年12月18日の閣議決定に基づいている。『自衛官の募集に関し……市区町村長が住民基本台帳の写しを提出することが可能であることを明確化し、地方公共団体に令和2年

（2020年）度中に通知する』とした。政府は自治体を総動員しての隊員集めを進めている。『これは戦闘人材の確保であり、岸田政権の戦争準備にほかならない』との道議のコメントも掲載されている。市民からは『制服姿の隊員が孫を訪ねてきた』などの声があがっている」。

これはアメリカで起きている事態と酷似する。ましてや日本は学校を出ても就職先の半分は非正規労働である。賃金は安く身分も不安定である。徴兵制の復活などしなくても若者を兵士にさせられる条件がそろっている。結婚さえ難しい収入の不安定さは少子化問題にもつながる。こんな恐るべき情報を大手メディアは伝えないままだ。

マイナカードには顔写真が付く。これで全国民の顔が揃う。これまでは犯罪者の顔だけが警察に蓄えられてきた。だが政府は全国民の顔が欲しいのだ。日本の道路や施設に置かれた監視カメラは500万台に達している。走行中の車のナンバーや乗員の顔を読み取るNシステムのカメラは、全国の幹線道路1500か所に設置済みだ。マイナカードの顔認証データと合わせ、スマホの追跡を加えれば、例えば、○山△男がいつどこにいたか、誰と会ったかを、国は容易に知りうる。中国や香港、ロシアでの事態に照らしてみれば、いかなる集会も政治活動も事前につぶすことだってできる。日本有事へのステップが固められつつあるようだ。

国民の個人情報を国が集めるマイナンバーは各国で廃止となっている。ドイツでは違憲判決が出て廃案。フランスは市民の反対が多く導入を中止。イギリスは運用開始後1年で廃止。オーストラリアでは国民の猛反発で廃案となった。アメリカは任意ではあったが個人情報の漏洩が問題化した。

それにしても、日本の大手メディアがこうした世界の動向を伝えないのはなぜか。報道されるのは「どこの自治体でミスがあった」「カードを使ったら他人の情報が出てきた」などという些末な事柄ばかりで、政府が何を狙っているのか、各国の市民はなぜ強硬に反対したのかを伝えようとしない。

知らず知らずのうちに、日本人の自由は誰かに取り上げられてゆく。そして静かに戦争準備が進んでいる。

あとがき

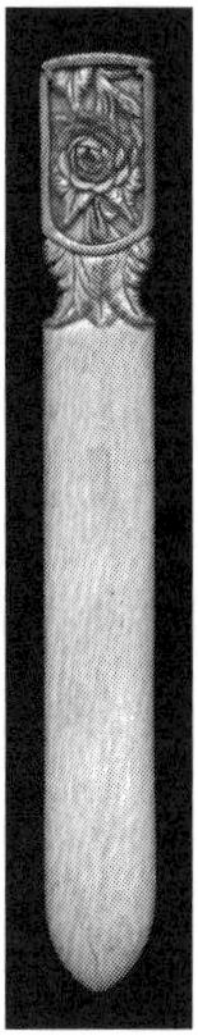

高野功記者の形見として遺族が私に託した遺品。彼が使っていた象牙のペーパーナイフ

中越戦争の取材から帰ってきた当時、恐ろしかったのは車のバックファイアだった。ドカーンという大音響を聞くと反射的に道路に倒れ込んだり、しゃがんでしまったものだ。迫撃砲弾から逃げまわった恐怖がその瞬間によみがえるのだ。今はもう無くなってしまったが、㈱ジャパンプレスのオフィスは銀座にあったから、銀ブラの人々は〝変な人〟を時おり目撃することがあったに違いない。戦場で残虐行為に触れたり直面したわけではないから、前線の兵隊たちほどのＰＴＳＤ（外傷性心的障害）や戦闘神経症、とまではいかない。でも身体が反応した。大きな音を聞いても平気になるまでには何年もかかった。

死ぬことは怖い。他人の死であっても、病死や事故死を問わずいやな思いをともなう。親しかった人間を弔うのはやはり落ち込む。戦場から戦場へと飛び回った末に、私が今も生きているというのは偶然なのだろう。

私の手元に象牙でできたペーパーナイフがある。高野記者が長いあいだ使っていたものだ。「遺品です」と言って美智子夫人が渡してくれたものである。若くして逝ってしまった高野功記者。慰霊をしたとはいっても、心の底に彫り込まれている私の「苦さ」に終止符が打たれるかどうかはわからない。

トルストイが言うように、「人は自分の死を知る力を与えられていない」のはその通りである。「お前は生の意義を悟りっこない。考えるな、ただ生きよ、と言ってもそんな訳にはいかない」とも彼は言う。こうなると、自分の生死も苦痛もあるがままに向き合い、おずおずと付き合ってゆく以外にないではないか。親鸞の言う「業報を抱えて生きる煩悩具足のわれら」である。いずれは来るものが来る。そう構えておくしかなさそうだ。

1979 年当時 5 歳の絵美ちゃん（左）と大人になった絵美ちゃん（右、1998）

美智子夫人は高野の故郷である宮城の蔵王山ろくで元気に暮らしている。ガンも克服してしまった。事件当時まだ5歳だった絵美ちゃんは、自立して子供も育て上げている。功の孫である。

戦争が起きた時、その最前線に向かった高野功特派員は、ジャーナリストとして為すべきことを果たして逝った。ここで、なぜ戦争取材が大事なのかを考えておかなければならない。

戦争を始めるとどの国も大本営発表を行なう。敵は卑怯で邪悪な存在なのだと言い、攻撃の正当性を言う。アンヌ・モレリが掲げた「戦争プロパガンダ10の法則」どおりに情報を操作し、敵も味方もあざむく。プーチンがそうだし、ベトナム戦争やイラク・アフガンを侵略したアメリカもそうだった。かつての日本軍もそうやって国民を騙した。

侵略した側がそこで何をやっているのか、人々がどんな目にあっているのかは、大本営からは出てこない。中立・公平が大事だと言って双方の主張を並列で報道したとしても、戦争のリアルは伝わってこない。こうした状況下での「中立報道」は無意味なのだ。

事実はどこにあるのか。命がけで報道するジャーナリストこそが我々の判断を支えてくれる支柱となる。ベトナム戦争当時、それを貫いて渾身の力で政府と戦ったアメリカのメディアは、戦争を終結に導く力を示した。

報道の自由、表現の自由は米国憲法修正第1条に掲げられている。あいまいな理念と骨格を掲げただけだった米国憲法を、具体化してゆくうえで最初に出されたのがこの権利であった。18世紀、１７９１年のことである。

米政府が隠していた「ベトナム秘密報告」がエルズバーグ博士によって暴露された時、米政府は機密を盗み出したとして当人はもちろんメディアに対する訴訟を起こした。しかし米連邦最高裁は、憲法に基づいてこれを報道したニューヨーク・タイムズやワシントン・ポストを擁護した。最高裁のブラック判事は「……新聞はその勇気ある報道に対して非難されるどころか、建国の父たちがかくも明確にうち立てた目的に奉仕するものとして賞賛されるべきである」との見解を公表した。エルズバーグ博士もロス地裁で公訴棄却となった。見事な三権分立である。

どのような政治権力も腐敗する可能性を内包する。それを糺すためにジャーナリズムは存在する。不正に対して噛みつくウォッチ・ドッグ（監視犬）でなければならないというのが、報道の自由を支える思想である。

それにしてもかつての戦争には見られなかった情報戦がおきている。ＳＮＳがそうした情報を拡散する。善意の人々がそれに惑わされ、知らないうちに「ロシアに一理がある。ゼレンスキーは怪しからん」と、侵略を擁護する側に立ってしまったりする。そうした見解の特徴は、ウクライナの東南部諸州を支配しているロシアを糾弾せず、占領地からの撤退を決して言わない点にある。ロシアによる情報操作は見事と言うしかない。

国際人権団体であるはずのアムネスティが２０２２年に出した声明に、「ウクライナ軍が市民の住宅に隠れて行動するのは怪しからん、犠牲者を増やすだけだ」というものがあった。これもロシア側の情報に振り回されたケースであろう。市民を恐怖に陥れるために住宅に対して次々とミサイルを意図的にぶち込む加害者・ロシア軍を糾弾していないからである。

いっぽうで、市民や兵士による情報拡散も凄い。メディアが入れないのに最前線にいる兵士からの映像が届く。画像としては稚拙な記録であっても、完璧なリアリティがある。かつての戦争では見られなかったものである。

しかし、信頼に足るのはやはりプロの報道陣による情報提供である。いつどこで何が起きたのかの裏付けがある。画像が具える訴求力も段違いに強い。スマホの普及がどれだけ広がっても、報道の核心は戦場に入ったジャーナリストの検証に頼る以外にない。

40余年前の高野功記者殺害事件当時、生き残った私は恐怖の中で逃走した経過を克明に記事にすることはしなかった。犠牲となった彼に対するリスペクトと、彼が背負った苦痛への思いから、その無念さを強調するのが礼儀なのだと考えていた。だが振り返れば、銃弾こそ浴びなかったが、私もきわどい状況にあり充分に危険であった。最前線から生きて帰れたのはほとんど偶然だったのかもしれない。そうした状況場面に突然遭遇してしまうのが戦場取材である。だから、事実を詳細に書き留めておけば、今後の取材者は不注意に危地に飛び込むことは回避できるのではないかとも考えて本書をまとめた。


時あたかもウクライナ侵略のさ中である。ロシアの出方とアメリカのベトナム戦争を対比させてみれば、示唆がたくさんあるのではないかという考えもあった。

それにしてもいったん戦争が始まれば、その後遺症は数十年経っても消えはしない。ベトナムでの枯葉作戦を取材して50年ほどが経ったが、まだこのテーマでの私の取材は続いている。ドクちゃんからも連絡は来る。戦争は解決不能の傷ばかりを残す。ベトナムと同じようにクラスター爆弾や白リン爆弾にさらされたウクライナは、どう立ち直って行けばよいのだろうか。

フロイトがアインシュタインへの手紙の中で示した（「人はなぜ戦争をするのか」）ように「人間には、潜在的に殺戮の欲動がそなわっている」のかどうか、私は知らない。だが、侵略され、征服された人民がすべての権利を覆され、支配下に置かれるのは事実である。それを拒みたいがゆえに死を賭した抵抗戦争が始まるのだ。ベトナムでもウクライナでも同じ心情が人びとを奮い立たせている。侵略行為とレジスタンス、この区分けを明確に認識できないと、「戦争反対、両方とも怪しからん」といった誤謬に陥ってしまう。

くどいようだがもう一度確認したい。侵略戦争は「自分の方が強い。敵は弱いから叩きのめそう」と考えている大国が引き起こす。弱い国は決して大国を侵略しようなどとは考えない。せいぜい抵抗できるだけだ。

ここへきて日本は、武器輸出三原則を変質させ始めた。ウクライナの状況に便乗して殺傷兵器を製造・輸出できることにしようというのである。こればかりは許してはならない。集団的自衛権、安保法制の強行同様、明白な憲法違反なのである。

敗戦から2年、１９４７年5月3日に日本の新憲法は公布された。その翌年、文部省は中学一年生用の社会科教科書『あたらしい憲法のはなし』を著した。そこにはこう書かれている。

「こんどの憲法では、日本の国が、けっして二度と戦争をしないように、二つのことをきめました。その一つは、兵隊も軍艦も飛行機も、およそ戦争をするためのものは、いっさいもたないということです。これからさき日本には、陸軍も海軍も空軍もないのです。これは戦力の放棄といいます。……しかしみなさんは、けっして心ぼそく思うことはありません。日本は正しいことをほかの国より先に行ったのです。」

著者は文部省である。まさに敗戦から立ち直ろうとする日本の、平和への渇望と自信とが行間にほとばしっている。これこそが日本国憲法の神髄である。これが今日どれほどゆがめられてしまっているか。本来の憲法の理念に立ち戻ることこそが、いま我々につきつけられている課題なのだ。

米誌『Bulletin of the Atomic Scientists』によると、人類の滅亡を真夜中の零時と設定した「終末時計」の残り時間は、２０２３年初頭に僅か「90秒」となった。昨年の１００秒から10秒も進んでしまっている。１９４７年の創設以来最も危機的な状況である。ロシアによる侵略や核使用の脅迫、気候変動など地球が抱える苦難が目白押しであることを示している。

恥知らずな侵略戦争と破壊行為が闊歩する現代。人類は目を閉じて祈るだけでは救われそうにない。眼を見開き、虐げられた人々に手を差し伸べ、二度と戦争をさせない道を模索し続けるしかないのだと思う。

２０２３年７月

中村梧郎（なかむら・ごろう）
フォトジャーナリスト。1940年生まれ。1970年以降ベトナム戦争を取材。戦後は枯葉剤問題も追及。1999～2004年岐阜大学地域科学部教授（ジャーナリズム論、環境文化論）。1983年ニコン第8回伊奈信男賞。1995年日本ジャーナリスト会議JCJ特別賞、2005年第1回日本科学ジャーナリスト賞。2007年ニューヨークでマグナム創立60周年記念招待作家として枯葉剤写真展、全米巡回。現在、JCJ代表委員、日本写真家協会会友。現代写真研究所副所長。著書に『母は枯葉剤を浴びた』（新潮社、新版・岩波現代文庫）、『戦場の枯葉剤』（写真集、岩波書店）、『メソポタミアの朝』（JPS）。

記者狙撃――ベトナム戦争とウクライナ

2023年10月25日　初版第1刷発行
2024年 4月15日　初版第2刷発行

著者 ――中村梧郎
発行者 ――平田　勝
発行 ――花伝社
発売 ――共栄書房
〒101-0065　東京都千代田区西神田2-5-11出版輸送ビル2F
電話　03-3263-3813
FAX　03-3239-8272
E-mail　info@kadensha.net
URL　https://www.kadensha.net
振替 ――00140-6-59661
装幀 ――黒瀬章夫（ナカグログラフ）
印刷・製本―中央精版印刷株式会社

ISBN978-4-7634-2085-5 C0036